풀뿌리가 희망이다

도시 속 희망공동체 11곳

풀뿌리가 희망이다
도시 속 희망공동체 II 곳

©KYC(한국청년연합회) 시민의신문 2005
초판 1쇄 발행 2005년 2월 1일
초판 3쇄 발행 2010년 6월 7일

엮은이 KYC(한국청년연합회), 시민의 신문
후원 콘라드 아데나워 재단
편집 강수경
펴낸이 송영민
펴낸곳 도서출판 시금치
등록일 2002. 8. 5
등록번호 제 300-2002-164호
주소 서울 종로구 통인동 31-2번지 2층
전화 (02)725-9401 팩스 (02)725-9403
E-mail ym@greenpub.co.kr
Blog http://www.greenpub.co.kr
ISBN 89-955798-2-X

「이 도서의 국립중앙도서관 출판시도서목록(CIP)은
e-CIP 홈페이지(http://www.nl.go.kr/cip.php)에서 이용하실 수 있습니다.
(CIP제어번호: CIP2005000123)」

값 6000원
잘못 만들어진 책은 구입하신 서점에서 바꾸어 드립니다.

풀뿌리가 희망이다

도시 속 희망공동체 11곳

KYC(한국청년연합회) · 시민의신문 엮음
콘라드 아데나워 재단 후원

시금치

발간사 풀뿌리 : 시민사회 희망의 씨앗

  언제부터인가 '시민없는 시민운동', '권력지향적 시민운동' 등 시민운동에
대한 비판이 마치 사실인양 언급되어 왔습니다. 한국사회 시민운동이 한 단
계 더 도약하기 위한 쓴 소리로 그런 비판들이 제기되었다면 마땅히 귀 기울
여야 하겠지만, 일부 보수언론과 기득권 세력의 자기방어 · 유지수단으로 되
풀이되어 온 상투적 비판은 앞으로도 갈 길이 먼 한국의 시민사회 발전에 걸
림돌이 될 뿐입니다.

  87년 민주항쟁 이후 한국의 시민사회는 지속적으로 변해왔고, 앞으로도 그
변화는 가속화될 것입니다. 한국사회의 민주화를 이끌어낸 시민사회운동은
지난 2000년과 2004년 낙천낙선운동을 통해 정치개혁을 이뤄냈고 경제 · 사
회 · 문화의 모든 영역에서 한국사회가 나아갈 방향을 제시하면서 개혁의 견
인차 역할을 해 왔던 것은 누구도 부인할 수 없는 역사적 사실이 되고 있습니
다. 이제 시민사회는 비판과 감시를 넘어서 적극적 대안세력으로, 개혁의 실
질적인 주체로 나서고 있고 혁신의 새로운 흐름은 외부가 아니라 시민사회
내부에서, 풀뿌리 운동의 형태로 나타나고 있습니다.

  시민의신문이 KYC · 콘라드 아데나워 재단과 함께 마련한 '풀뿌리가 희망
이다' 기획은 현재진행형인 풀뿌리 시민운동 현장에 대한 동시대의 기록이자
앞으로 한국 시민사회가 나아갈 방향의 단초를 보여주는 희망의 씨앗입니다.
또한 풀뿌리 운동가들의 삶과 현재의 고민을 엿볼 수 있는 흔치 않은 기회이
며, 시민사회 운동가들과 시민의신문 기자들이 함께 발로 뛰어 일궈 놓은 자
료이기도 합니다. 아무쪼록 이 자료가 시민사회의 더 나은 내일을 앞당기는
데 시민사회와 관련 연구자들에게 도움이 되길 바랍니다.

시민의신문 발행편집인

이 형 모

^{축사} 실생활이 된 민주주의

수 년 전까지만 해도 시민사회라는 단어는 생소하게 여겨졌거나 아니면 올바로 이해되지 못한 채, 그저 국가에 대한 저항 혹은 어딘가에 종속되는 것을 거부하는 것쯤으로 여겨졌습니다. 하지만 오늘날 대한민국의 시민사회는 더 이상 유사(類似)사회모델이나 대안적 통치모델이 아닙니다. 시민사회는 성공한 실험으로, 정치적 참여와 일상을 떼어서 보는 것이 아니라, 개인적인 상황과 조건을 적극적으로 만들어가면서 동시에 가족과 공동체, 나아가서는 국가를 끌어 안으려는 시도입니다.

요즘 들어 '실생활이 된 민주주의'라는 말들을 하는데, 이 기획의 일환으로 만들어진 다큐멘터리에서 두 여성의 사례는 전에는 그토록 분명하게 선이 그어져 있던 한국의 남성과 여성의 역할구분이 이제는 사회체제에서 동등한 권리와 의무를 수행하기 위해 상당부분 와해되었음을 시사합니다.

한 사회는 계속적인 상호 네트워킹으로 통해 연결되는 개인의 집합체입니다. 그리고 여성의 변화된 역할과 여성에게 주어진 새로운 도전은 사고와 가치의 변화와 정치적 주장에 대한 새로운 이해로 짜여진 다양한 연계망이 역동적으로 움직이고 있다는 증거 중 하나입니다. 이번에 만들어진 '풀뿌리가 희망이다' 비디오 테이프와 책은 전통이 현대적 성숙함으로 변화 발전했음을 분명하게 보여주고 있습니다.

이런 성공적인 프로젝트에 아데나워 재단이 일조를 할 수 있게 되어서 무척 기쁘게 생각합니다. 그리고 이 교육용 비디오에 출연한 두 분 뿐만 아니라 대한민국이 민주주의로 나가는 길에 계속적인 성공이 있기를 기원합니다.

주한 독일 콘라드 아데나워 재단 대표

토마스 아베 Thomas Awe

차례

1 가정을 넘어 지역으로

2 지역에서 대안을 찾는다

일러두기

이 책은 시민의신문, KYC(한국청년연합회), 시민방송 RTV, 콘라드 아데나워 재단이 공동으로 진행한 〈시민교육자료 발간사업〉의 일환으로 2004년, 12주에 걸쳐 시민의신문에 연재된 기획 '풀뿌리가 희망이다' 시리즈의 1~11회 기사와 청탁 기고문, 그리고 좌담회를 엮은 책입니다. 이제 막 지역 시민사회운동에 참여하기 시작한 분들, 또 지역의 얽힌 실타래를 풀어야 하는 고민을 짊어진 지역활동가들이 읽어 볼 만한 유용한 길라잡이가 되길 바랍니다.

책에 수록된 내용은 주간 〈시민의신문〉에 실린 기사를 바탕으로 추가 보완된 것이며 제목과 소제목 역시 일부 변경되었음을 알려둡니다. 신문에 실린 기사를 확인하려면 〈시민의신문〉 인터넷 홈페이지 http://www.ngotimes.net의 PDF코너를 참고하시기 바랍니다.

¹ 가정을 넘어 지역으로

이웃과 이웃을
콘크리트벽으로 막아버리는 현대 도시에서
이웃의 정을 느끼며 산다는 것은
생각만큼 쉽지 않다.
그럼에도 삭막한 회색도시를
살아 숨쉬는 공동체로 만드는 사람들이 있다.

느티나무 방과후

그 곳엔 간판이 없다. 아파트 1층에 드문드문 자리 잡은 놀이
방들처럼 화려한 형광색지에 적힌 '여기 놀이방이 있어요'
같은 광고문도 없었다.

서울 도봉구 초당초등학교 앞, 1층에 자리 잡은 〈느티나무 방과
후〉는 그렇게 소리 소문 없이 운영되고 있었다.

"올해 문을 열어서 아직 알음알음으로 찾아오는 경우가 많아요.
엄마들끼리 학교에서 자녀교육에 대한 정보를 교환하다가 먼저
아이를 보낸 엄마 추천으로 문의해 온 부모도 있어요." 느티나무
의 교사인 '느티나무' 김성희 씨(34세)의 말이다. 이 곳에 오는 아
이들은 17명 정도. 대부분 근처 아파트에 살고, 멀어도 버스로 한
두 정거장 정도의 거리에서 온다.

느티나무에 오는 아이들은 피아노나 태권도 등 서너 개씩 학원
을 다니는 또래와는 달리, '논다'. 평일에는 낮 12시 30분 무렵부터
저녁 7시까지, 방학기간에는 오전 10시부터 7시까지 아이들은 느
티나무에서 보낸다.

오징어나 팔(8)자놀이, 고무줄, 무궁화 꽃이 피었습니다와 같은

여럿이 하는 놀이 뿐 아니라 구슬치기나 딱지치기 같은 전통적인 놀이를 하기도 한다. 그렇다고 요새 아이들이 하는 '디지몬'이나 '유희왕' 카드게임 같은 것을 안 하는 것은 아니다. 여자아이들은 인형을 오려서 색칠을 한다든가, 병원놀이도 곧잘 한다. 요리는 모든 아이들이 좋아한다. "결과물이 보이고, 또 아이들이 좋아하는 떡볶이나 피자 같은 것을 만드니까, 딱히 여자아이가 아니더라도 모두 다 좋아하는 것 같아요." 또 다른 교사, '몽실이' 현영숙 씨 (33세)의 풀이다.

방과후 교육, 작은 실험이 아름답다

교사들은 모두 세 명. 아이들이 거리감 없이 친근하게 부를 수 있도록 교사들은 모두 일상적으로 별명을 사용하고 있다. 사실 느티나무와 같은 형태의 방과후 교실은 드문 편이다. 일부 어린이집이나 유치원에서 초등학교를 다니는 졸업생을 대상으로 하는 경우는 있지만 방과 후를 전문으로 하는 곳은 없고, 관련 법령도 미비하기 때문에 법적으로는 '놀이방'이다.

"초등학교 입학 전에는 어린이집 같은 곳으로 보내면 되지만 초등학교 일·이학년 자녀를 둔 엄마의 경우 오히려 거꾸로 '직장을 그만둬야 하지 않을까' 하고 고민하는 경우가 많아요. 여러 사정 때문에 맞벌이를 할 수밖에 없는 부모들은 그래서 아이들을 학원에 보내는 게 대부분입니다." 현영숙 교사의 말이다.

아이들이 학원을 다니는 것이 재능개발 때문이 아니라 현실적으로 방과후에 아이들을 돌볼 수 없기 때문이라는 것이다. 현영숙 교사는 "학교도 그렇지만, 학원에서도 아이들 사이의 관계가 표면적이고 피상적 관계에 머무르기 때문에 예를 들어 아이들끼리 다

느티나무 방과후에 모인 아이들과 교사들이 추석을 맞이하여 송편을 빚고 있다.
양계탁 기자 gaetak@ngotimes.net

틈이 있을 때 어떻게 하면 문제를 해결할지, 내가 어떤 식으로 다른 아이들을 배려하고 감정을 솔직히 표현할 수 있는지, 그런 것이 중요한데 아무 것도 해결되지 않은 경우가 많은 것 같아 안타깝다"고 덧붙인다.

그렇다면 학원에 가지 않은 아이들은 어떻게 시간을 보낼까.

아이들 대부분은 집에서 TV를 보거나 컴퓨터 오락에 빠지는 경우가 많다. 느티나무에 다니는 아이들도 다른 아이들과 섞여 친구 생일잔치에 가는 경우가 있지만 먹을 것도 신경 안 쓰고 각자 자기가 좋아하는 컴퓨터 오락을 하거나 TV · 비디오를 시청하다가 엄마들이 부르면 집에 돌아가는 식의 '삭막한 관계'가 대부분이라는 것.

학부모들의 어린시절처럼 아이들이 몸을 부딪치며 노는 것은 좋지만, 초기에는 막연한 '불안감'도 있었다. '다른 아이들은 다 저렇게 특기학원이나 보습학원에 가서 공부하는데 우리 애는 놀아도 되는 걸까', '학원도 아니고, 또 무엇을 가르쳐주는 것이 아닌데 우리 아이가 과연 잘 적응할 수 있을까'와 같은 생각들이 그것. "여름 방학을 기점으로 부모님들의 그런 불안이 많이 가신 것 같아요. 아이들 사이의 '관계'나 '어울림'이 변하는 것을 보면서 아이를 다시 보고, 가족을 다시 보는 식으로 삶의 관점이 변한 거라고 할까요." 김교사의 설명이다. 물론, 이제 머리가 어느 정도 굵어진 초등학교 고학년 아이들은 느티나무와 학원을 병행하기도 한다.

빠듯한 살림이지만 지역공동체 '어울림'의 미학

사실 느티나무에 다니는 아이들과 교사들은 5~6년 이상 생활을 함께 해온 '지기'들이다. 느티나무의 출발은 공동육아로부터 시작됐다. 아이들이 차츰 자라 하나둘씩 초등학교에 들어 가니 부모들의 고민도 공동육아로부터 방과후로 자연스럽게 발전 · 독립하게 된 것. 공동육아 때부터 맡아왔던 선생님들도 자연스럽게 아이들이 커오는 과정을 같이 봐왔다. 느티나무에 자녀를 맡긴 어머니들은 또한 동북여성민우회나 한살림, 먹거리 생협 등 지역단체나 생협공동체의 회원이기도 하다.

현교사는 느티나무와 지역단체들은 한마디로 '유기적'인 관계라고 말한다. 아이들의 간식을 마련할 때 사용하는 재료도 모두 유기농이다. 5월 5일 어린이날의 경우 지역단체들과 같이 행사도 마련했다. 단체들도 느티나무에 필요한 것이 있으면 도와주는 상부상조하는 관계를 맺고 있다. 또한 느티나무의 교사들도 각각 단체에 소속되어 활동하고 있기도 하다.

어려운 점은 '방과후'가 법적 교육기관이 아니다보니 운영비의 대부분을 학부모들이 부담하고 있다는 것. 간식비 등 운영비를 지출하고 나면 실질적으로 생활을 해야 할 교사들의 월급이 '빠듯하게' 남는다는 것이다. '열정'과 '의지'는 있지만 현실이 그 '열정'을 갉아먹고 있는 셈이다. 부모의 입장에서도 어려운 것은 마찬가지. 일반적으로 학원 등록비가 10만 원 미만인 경우가 많지만 '느티나무'의 경우 한달 부담하는 비용이 대략 20만 원 정도. 학부모 입장에서는 결코 적은 돈이 아니다.

  학부모들은 세 달에 한 번씩 '둥지모임'이라는 이름으로 학부모 전체모임을 갖지만 운영비 이야기를 하기란 쉽지 않다. 또 교사들 모두 적지 않은 나이지만 '아침부터 저녁까지' 아이들에 매달려 있다보니 따로 사람들을 만나기도 쉽지 않다.(김 교사는 '미혼'이 아니라 '비혼'이라고 적어달라고 웃으며 부탁한다) 그나마 전세 8천만 원이라는 비교적 싼 값으로 장소를 마련한 것이 큰 부담을 던 것이다. '생활적 전망'에 대해 김교사는 "다른 여력이 안 나는 것은 사실이지만 만약 배우고 싶은 게 있다면 단체에서 개설한 강좌를 통해 비교적 저렴하게 해결한다든가, 또 그런 교육기회를 통해 푸는 경우가 많다"고 밝힌다.

  결국 방과후가 활성화되기 위해서는 정부나 자치단체들의 발상 전환이 필요하다는 것이 이들의 주장이다. 현 교사는 "방과후 교육도 제대로 되기 위해서는 자치단체나 국가가 제도적 지원을 해야 하는데, 대부분 수익자 부담으로 떠넘기는 것이 사교육 병폐의 일차적 원인"이라며 "애들이 자라면서 어떻게 해야 할지 아직 많은 고민이 쌓인 것은 아니지만 궁극적으로는 지역교육공동체로 자리매김해야 하지 않나 생각한다"고 덧붙였다.

✎ 초등학교 어린이들에게 방과후를

현 영 숙
몽실이, 느티나무 방과후 교사

느티나무 방과후는 2004년 3월에 문을 열었다. 하지만 이곳 느티나무를 이야기하기 위해서는 4~5년의 시간을 거슬러 올라가야 한다. 서울 우이동에 있는 공동육아 어린이집에 '백호방'(백두산 호랑이의 준말, 처음 초등학교에 들어간 아이가 지어 낸 이름이다)으로 2000년에 처음 방과후가 출발했다. 2003년에 어린이집 내에서 발전적 해체(?)를 하면서 나오기까지 4년이라는 길고도 험난하고 성숙할 수 있는, 아니 성숙할 수밖에 없는 시간을 거쳤다.

부모는 아이들의 눈높이에 맞춰서 성장한다. 5살 부모는 5살 아이만큼의 사고와 관심과 고민을 하고 7살 부모는 학교 가기 전의 초조함과 불안함에 떨고 초등학교 부모는 학교를 보냄으로써 갑자기 넓어져 버린 아이들의 주변 환경에 당황하고 헤매고 벅차한다. 그러면서 고민의 폭과 깊이가 생겨난다.

교사, 아이들과 함께 성장하다

교사인 나도 아이들의 성장과 함께 커나갈 수 있었다. 처음 백호방이 생겼을 때에는 설렘, 뿌듯함, 불안감을 느꼈고, 한 해 한 해가

갈수록 방과후의 정체성을 어떻게 잡아가야 하는가에 대한 혼란스러움 속에서 심각한 갈등을 겪은 시기도 있었다. 갈등이 큰만큼 정체성에 대한 고민이 새롭게 다가왔고, 동료 '느티'와 머리 맞대고 머리에서 김이 모락모락 나도록 이야기를 나누었다.

그 속에서 얻은 결론은 조합형에서 벗어나 지역 방과후로 나가야 한다는 거였다. 초등학교에 들어가는 아이들은 학교, 집, 방과후, 학원, 문방구, 그 속에서 살아가는 사람들 등 아이들을 둘러싸고 있는 물리적, 인간적 환경이 유기적으로 연결되어 있는 동네, 마을의 문화에 절대적인 영향을 받는다. 아이들이 살고 있는 삶의 터전이 되는 한 지역의 문화가 건강하지 않으면 아이들은 행복할 수 없고, 아이들의 문화도 건강하게 지켜낼 수 없는 것이다.

이러한 열정만을 안고 함께 하는 백호방 부모들에게 조합형의 한계와 지역 방과후로 함께 나갈 것을 이야기했고, 우여곡절을 겪으면서 2004년 1월말에 어린이집에서 나왔다. 장소는 인근 아파트 단지의 상가 1층을 얻었다.

7명의 부모들이 빌려준 돈에 교사 3명이 돈을 합쳐 전셋값을 마련하였고 2월 한 달 동안 준비과정을 거쳐 교사 3명(느티, 돌꽃, 몽실이), 아이들 15명으로 3월에 느티나무 방과후의 문을 열었다.

느티나무 방과후는 1, 2, 3학년을 중심으로 하는 저학년 생활 방과후다. 학교에서 힘든 점을 보듬어 주고 생활적으로 챙기고, 또래와 어울려 놀 수 있는 안전한 공간을 제공해 주는 것에 중심을 두고 있는 곳이다. 아이들은 성장한다. 우리 아이들도 성장하고 있다. 내년에 당장 4학년이 생긴다. 3학년도 하반기부터는 이 공간을 좁게 느낄 것이다. 하지만 아이들은 갈 곳이 없다. 엄마, 아빠가 올 때까지 학원을 순례할 수도 없고, 동네를 배회할 수도 없다.

아이들이 배회하는 동네는 놀면서 몸으로 삶을 배울 수 있는 건강하고 안전한 공간이 아직은 아니다. 교사로서 아이들의 삶의 연속을 지켜보고, 함께 하고 싶은데 아직은 방법이 없다. 내보내기도, 그냥 보듬어 안기에도 아이들에게 미안하다. 내년에 4학년 아이들을 어떻게 해야 할지가 요새 가장 큰 고민거리다.

경제 지원책으로 문턱 낮춰야

경제적인 어려움도 느낀다. 방과후에 대한 경제적인 지원은 거의 없다. 그나마 저소득층 지역의 방과후에 편중되어 있다. 이것도 넉넉하지 못해서 저소득층 지역의 방과후도 상황은 엄청 열악하다. 그런데 방학동 지역은 저소득층 지역은 아니다. 경제적인 지원을 받을 수가 없기에 수익자 부담의 원칙으로 모든 걸 부모들의 돈으로 해결해야 한다. 부모들은 한 달에 20만 원을 보육료로 내고 있다. 방과후로는 큰 돈이다. 더욱이 밖에서 보면 '학습지를 하는 것도 아니요, 뭔가 공부(?)를 하는 것도 아니고 놀기만 하는 곳에 그렇게 많은 돈이?' 하며 의아해 한다.

생협 먹거리를 먹는다고 해도 비싸다 생각한다. 그런데 아이들과 함께 생활하는 교사의 입장으로는 이 정도의 돈이 든다고 생각한다. 다만 그 돈이 부모의 주머니에서만 나오기 때문에 문제인 것이다. 방과후도 교육기관이라고 봤을 때 너무 싼 곳은 의심해 봐야 한다. 넉넉한 재정적인 지원을 받는 곳이 아닌 곳에서 보육료가 싸다는 건 결국 아이들에게 당연히 가야하는 그 무엇이 다른 곳으로 빠져나가고 있다는 것이다. 20만 원이라는 금액은 방과후의 문턱을 높게 만들었다. 문턱을 낮추고 싶은데 교사인 나는 지금도 경제적으로 너무 어렵다. 경제적인 궁핍은 열정을 갉아먹는 최대의 적이다.

초등학교 아이들에게 방과후는 필요하다. 저학년(1~3학년), 고학년(4~6) 또는 저학년(1~2), 중학년 (3~4), 고학년(5~6) 어떤 구분이던지 모든 학년을 포괄할 수 있는 방과후는 있어야 한다. 물론, 재정적인 지원도 확보될 수 있는 방과후여야 한다. 이곳 방학 4동에 생겼으면 하는 바람으로 만들기 위해서 노력하려고 한다. 방과후 교사로서 정체성과 방과후의 방향성을 지속적으로 함께 나눌 수 있는 더 많은 사람들을 만나고 싶다.

☺ 느티나무 방과후 찾기

서울시 도봉구 방학 4동 신동아 APT 2단지 109-101
Tel. 02) 3491-1805, http://cafe.daum.net/nettynamu

☺ 지역 방과후를 찾으려면

해송어린이둥지공동체_ 02)762-9201 서울시 종로구 창신 2동 626-36
강동꿈나무학교_ 02)478-7220 서울시 강동구 천호 4동 364-5
송파꿈나무학교_ 02)404-2159 서울시 송파구 문정동 207-2
성남꿈나무학교_ 031)743-4416 경기도 성남시 중원구 은행 2동 1613 4층

주부 학습동아리 '즐멤'

“**교**육장이 좁은데, 제가 잘 아는 리모델링 전문가에게 부탁해서 공간 재배치를 하는 것은 어떨까요?”, “나눔 장터를 여성민우회와 한살림과 공동으로 진행하자는 제안이 나왔는데 어떻게 생각하십니까?”, “우리만의 잔치도 좋지만, 품앗이나 시민회가 좀 더 알려졌으면 해요.”

얼핏 들으면 여느 지역시민단체의 운영회의와 별반 다르지 않다. 하지만 도봉시민회의 운영모임인 〈즐멤〉엔 색다른 무엇이 있다. 회원들의 자발적 참여로 이뤄지는 운영모임이기도 하지만, 동시에 '스스로 학습하는' 공부모임이라는 것. 그렇다고 매일 머리를 맞대고 '빡세게' 책을 읽는 것은 아니다. 매주 수요일에 진행되는 즐멤 모임은 첫 주는 회의를 하고, 둘째 주는 개봉영화를 보러가는 식의 '노는 시간', 셋째 주에는 책을 읽는다. 그리고 넷째 주는 자원봉사로 모임을 갖는다.

독서토론은 전체 10여 명 참가자들이 두 팀으로 나눠 진행한다. 그것도 빡빡한 커리큘럼이 있어 도서를 선정하는 것이 아니라 회원들이 읽고 감명 받았던, 또는 한 번쯤 읽어보고 싶었던 책을 추

독서토론은 삭막해질 수 있는 회원 사이의 관계를 돈독히 하기도 한다. 도봉시민회 '즐멤' 회원들
양계탁 기자 gaetak@ngotimes.net

천, 선정해서 읽는 식이다. 가장 최근에 읽은 책은 『나의 라임오렌
지 나무』와 『어린 왕자』. 모임의 책임간사를 맡고 있는 정보연 씨
(KYC사무처장, 34세)가 책을 추천했다. 추천한 이유는 "『나의…』
는 이야기는 많이 들었지만 읽지 않아서"고, "『어린왕자』는 다시
읽으면서 어린시절 읽었을 때와는 완전히 다른, 어른을 위한 동화
같은 느낌이 들었기 때문"이란다. 정씨의 설명을 곁에서 들은 즐
멤 회원들이 야유(?)한다. "그러니까 다분히 개인적인 이유에서 추
천했다는 소리인데…우린 깊은 숨은 뜻이 있는 줄 알았지." '10월
의 도서'로는 홍세화 씨의 『세느강은 좌우를 나누고 한강은 남북
을 가른다』와 이오덕 씨의 『우리글 바로쓰기』가 선정되었다.

모임에 참석하고 있는 사람들 중 제일 연장자인 노옥란 씨(주부,
45세)는 그동안 읽었던 책들 중 『내 영혼이 따뜻했던 날들』과 『식

물의 정신세계』라는 책이 기억에 남는다고 말한다. 전자는 "인간의 내면에 숨겨져 있는 따뜻함을 일깨워 준다"는 면에서, 후자는 "이 세상에 살아가는 것은 인간만이 아니라, 자연과 더불어 숨쉬며 살아가고 있다는 것을 깨닫게 한다"는 면에서 각각 좋았다고 이유를 밝힌다. 원래부터 책읽기를 좋아했다는 노씨는 "보통 책을 읽으면 혼자 읽고 마는데, 같이 토론을 해보면 똑같은 책을 읽더라도 서로 생각하고 느낀 것이 다르고 그 사람을 이해할 수 있어서 좋다"고 덧붙인다.

또, 간혹 새로 나온 책을 갖고 토론을 하는 경우도 있지만 대부분의 책은 지역 도서관이나 정보문화센터를 통해 대출해서 읽는다. 도서관에서 대출할 수 있는 기간이 2주일이기 때문에 책이 여러 권 있는 경우 회원들이 빌려와 서로 돌려 읽는다. 도서관에 책이 없을 때는 신청을 해서 도서관이 책을 구비하도록 나름의 '운동'을 벌이기도 한다. 물론 마음에 들면 서점에 가서 그 책을 구입해서 소장하기도 하고, 또 나름대로 시간을 내기 힘든 경우는 쉬엄쉬엄 절반 정도만 읽고 토론을 하는 경우도 있다.

주부가 바로서야 교육이 바로 선다

즐멤이란 모임의 이름은 '즐거운 멤버'를 줄인 것. 2003년 8월부터 모임이 시작되었다. 초반, 시작은 나름대로 비장(?)했다. 실무자 4명이 "성장을 위해선 공부가 중요하다"고 뜻을 합쳐, 2주에 한 권씩 책을 읽어나갔다. 도봉시민회의 실질적 주체인 지역 주부들이 참여하면서 오늘과 같은 즐멤의 모습이 형성되어 갔다. "사실 주부는 사회에서 소외된 또 하나의 계층이라고 할 수 있습니다. 정보나 인식능력에서 사회활동을 하는 사람들에 비해 떨어지는 것이 사실이죠. 아마 그냥 청년운동을 하는 사람들이라면 알 수 없는 부분인데, 주부들은 같이 공부하면서 '자라고 있다'는 것을 스스로 느낍니다." 정씨의 설명이다.

덧붙여 억지로 하는 공부가 아니라 스스로의 필요성에 의해 공부를 하는 것이기 때문에 참여하는 사람들의 관계도 덩달아 좋아진다는 것이 정씨가 말하는 부수 효과. 물론 한계도 있다. "학생시절 사회과학 세미나를 하고 난 후의 결과 같은 것은 기대해선 안 된다"는 것.

노씨는 책 선정에 있어서 사회적 문제를 기피하는 것은 아니라고 말한다. 책에서 받은 '감동'을 다른 사람과 나누고 싶은 마음이 도서추천의 일차적 조건이라는 것. 일부러 피하지 않지만 자연스럽게 사회적 문제를 다루게 된다고 한다. 컴퓨터 교육이나 생활강좌를 받으러 온 사람이 처음부터 시민운동에 관심을 가진 것은 아니지만 지역공동체에 '참여'하다 보니 지역현안으로 관심이 넓어지는 것과 같은 이치라는 풀이다.

사실 즐멤의 활성화 비결에는 또 한 명의 중요한 인물의 역할이 있었다. 바로 '주부독서모임'을 벌이고 있는 이순임 씨(도봉시민회 주부활동가, 41세). 이씨는 도봉시민회를 만나기 전인 3년 전부터 동네 아주머니들과 모여 '수다'를 떨다가 '독서모임'을 만든 전력(?)이 있다. 이씨의 활동이 지역시민회와 결합하면서 독서모임과 결합된 교육 품앗이가 13개 팀으로 불어났다. 주로 오전 10시에서 12시까지, 두 시간 동안 회원의 집에서 돌아가면서 열리는 이 모임들은 일정한 스케줄에 따라 진행된다. 모임을 시작하면 우선 '사귐 활동'이라는 정보 나누는 일을 한다. 참석한 주부들은 사전에 '나는 책', '나는 간단한 체조', '나는 시', '나는 시사' 하는 식으로 한 가지 주제를 준비해 와 그것에 대한 발표를 한다. 독서모임의 커리큘럼도 마련돼 있다. 처음에는 모든 주부들의 공통 관심사인 자녀교육을 다룬 책으로부터 시작하여 환경이나 밥상차리기, 그리고 잘먹고 잘사는 법과 관련된 건강서, 다음으로 여성문제, 사회·역사 문제를 다룬 책 등 다루는 주제를 넓혀 나간다. 모임을 주최한 회원들에게 부담을 주지 않기 위해서 점심은 모인 집에서 절대로 안 차리는 것을 원칙으로 하고 있다. "처음 모임을 해 보면서 그 가능성을 발견, 시민단체와 결합해 독서모임 모집공고를 냈어요. 시작은 22명으로 네 팀을 꾸렸는데, 모임에 대해 소문이 나자 저도 제어할 수 없을 만큼 많은 사람들이 모여 들었어요. 결국 동네별로 모임을 만들기 시작했습니다. 여자들은 '소문'이 무섭거든요." 이씨의 말이다.

올해는 일단 많이 모임을 더 늘려가는 것이 목표지만, 더 나아가 지역 교육문제를 진지하게 고민해서 나름대로의 실천을 벌일 계획도 이씨는 갖고 있다. 구체적으로 말하자면, 쓸만한 어린이도서관을 만드는 것. 제대로 된 도서관은 없는데도 주거지역 바로 옆에 골프장이 들어선단다. 물론, 바로 이들 주부모임이 골프장 반대운동에 앞장서야 한다는 것이 이씨의 생각이다. "주부가 바로서야 교육이 선다는 말도 있잖아요." 지역교육문제를 해결하려면 엄마들 자신이 각성된 주체가 되도록 교육이 우선돼야 한다고 이씨는 힘주어 덧붙였다.

정용인 기자 inqbus@ngotimes.net

✎ 동네에서 왕언니 되기

이 순 임
도봉시민회 운영모임 '즐멤' 주부활동가

　나는 올해로 마흔한 살이 된 전형적인 아줌마다. 좀 특이하다면
아이가 다섯이나 있다는 것, 동네에서 '왕언니'로 통한다는 것이다.
아줌마들 사이에서 왕언니가 되기까지의 이야기를 하기 전에 일
반적으로 사람들이 아줌마하면 떠올린다는 부정적 아줌마 이야기
를 먼저 하고 싶다.

　아줌마하면 지하철 자리를 잡기 위해 가방을 던지는 몰염치한
아줌마를 단골메뉴로 삼는다. 무시당해도 싸고 경멸스러운 대상
으로서의 아줌마 말이다. 안하무인, 몰염치, 이기심 등의 부정적
이미지가 더 강하다. 싸잡아 그런 대접을 받는 아줌마들 자신도
자기존재를 부정하고 싶은 것은 마찬가지다. 더 이상 젊지도 아
름답지도 성적인 매력도 없는 게으름의 상징으로 이해되는 아줌
마로 불린다는 것은 몹시도 불쾌한 일이고 '처녀 같은 주부'가 되
려고 무던히도 애를 쓴다. 그런데 바로 이 아줌마들은 사실 권력
이나 권위를 갖지 못한 소외계층이며 심한 무시와 편견 속에서 갖
가지 의무에 시달리는 외롭고 상처받은 영혼들이라고 말하고 싶
다. 이제는 아줌마들이 가지고 있는 긍정적 자질과 노하우가 재평

가 되고 아줌마도 변화와 발전을 통해 사회를 변화시키는 주류로서 얼마든지 활동할 수 있다고 믿고 싶다.

상처와 영광의 이름 '아줌마'

나는 현재 도봉구에서 열세 팀의 주부 독서모임과 여섯 팀의 교육품앗이모임을 하고 있다. 무엇이 이렇게 주부들을 모이게 하고 신나게 활동하게 하는지 여러 사람이 무슨 비법 같은 것을 물어오지만 나 자신도 확실하게 뭐라 말할 수는 없다. 다만 나는 요즘 아줌마들이 지금 무슨 생각을 하고 무엇을 간절히 원하는지 그걸 안다는 것뿐이다.

먼저 모임을 하게 된 계기는 '수다'였다. 주부들은 많은 수다모임을 갖고 있다 이웃간에, 운동모임에서, 유치원 엄마끼리, 놀이터에서, 아이 학교에서 만난 엄마들과 놀라운 친화력으로 지치지 않고 수다를 떤다. 가장 만만한 집에 모여 커피 한 잔 마시며, 모일 수 없는 사정이라면 전화통을 붙잡고 말을 쏟아낸다. 가부장적인 남편과 봉건적인 시대 흉은 단골메뉴고 아이 키우는 이야기, 살림 이야기로 아줌마를 진심으로 이해할 수 있는 건 같은 처지의 아줌마뿐이라는 사실을 깨닫는다. 아줌마, 그 상처받은 영혼들이 왕수다로 맺힌 것을 풀어내는 것이다. "집에서 놀면서 이것도 안 해놨냐." "애들을 어떻게 가르쳤기에 저 모양이냐." "남편 등골 빼먹는 여자" 라는 소리를 들으며 쌓인 분노, 억울함, 외로움을 쏟아내고 터뜨리다 보면 쌓였던 울화가 속 시원하게 내려가기도 하고 적절한 해법도 받아갈 수 있는 자리다.

나는 다섯 아이를 낳을 때까지 시어머님을 모시고 살았고, 시조카도 데려다 키웠다. 18년간의 평탄치 않았던 결혼생활은 나에게 많은 깨달음을 주었다. '도' 닦는 마음으로 산 적도 있다. 이해심도 많아졌고 사람을 품을 수 있는 넓은 마음도 생겼다. 많은 아줌마들과 수다를 떨고 공감하고 그들의 슬픔이나 억울함에 자연스럽게 조언도 해 주고 하다 보니 상담자 역할을 하게 되었다. 아이를 많이 낳아 키우다 보니 육아, 아이들 건강에 관해서도 도움을 주는 해결사가 되었다. 어느 사이 나는 동네에서 왕언니가 된 것이다.

모임의 처음은 남에게 인정받고 싶어 하고 무엇이든지 배워야하겠다는 지적 호기심도 강하고, 남을 배려하는 마음자리가 넓은 '괜찮은 엄마'들을 중심으로 모임 제안을 하게 되었다. 늘 하는 수다모임이 아니라 좀더 발전적인, 서로가 도움이 되는 관계가 어떠냐고 했을 때 모두가 박수를 쳤다. 1996년에 첫 모임을 가졌고 3년을 공부하고 해산했다.

2001년 12월에 2기를 모아서 모임을 시작했는데 소문이 나면서 많은 주부들이 들어오고 싶어 하는 그런 모임이 되었다. 그러던 차에 도봉뉴스에 도봉시민회가 주관하는 교육품앗이모임 모집광고를 보고 품앗이 활동도 같이 병행하였다.

배움에 목마른 주부들에게 용기를

주부들에게 '결혼 전으로 돌아간다면 꼭 하고 싶은 일은?' 이라고 물으면 열 명 중 여덟 명은 '배움'을 이야기한다. 그만큼 배움에 열망이 강한 주부들은 자기의 가치나 자신의 성장에 관심이 많다. 우리는 독서모임을 통해 치열한 경쟁의 논리 속에 끌어내리고 밟고 올라가야 하는 상대로서의 이웃이 아니라 내 삶이 힘들고 지쳤을 때 가까이서 위로해 줄 수 있고 도움을 받을 수 있는 정감 있는 이웃이 되고자 한다. 보다 아름다운 세상에서 행복하게 살기를 원하는 주부들이 책을 통해 배우고 실천하며, 새로운 관계 속에서 나 자신의 변화와 우리의 변화를 경험하며 나 혼자만의 삶이 아니라 더불어 사는 사회를 지향하며 모임을 통해 꿈과 희망을 나누고, 공동체 문화를 형성해 가는 주체로 성장하는 계기가 되고자 한다.

오늘도 우리 아줌마들은 더 나은 미래를 위해 열심히 모인다. 결혼해서 아이를 낳고 살림을 하는 주부들은 생활의 지혜가 풍부하고, 친화력도 대단해진다. 지적 호기심도 많고, 깨닫기 시작하면 변화도 빠르고 받아들이려고 하는 자세가 좋다. 물론 사회적 경험과 조직경험이 별로 없기 때문에 자기 자신에게 투자하는 데 익숙하지 않고 가족 위주로 안주하기 쉬우며 감정적이고 규율을 만들어내고 지키기가 쉽지는 않다. 나는 세상을 바꾸는 일은 개인의 변화와 발전이 먼저라고 생각한다. 책을 중심으로 주부들의 변화와 발전을 유도함으로 지역공동체를 이끌어갈 자원 활동가를 조직해보려는 의도에서 이제 막 첫발을 내딛었다. 도서선정의 어려움도 겪었고 모임 진행방식이나 내용도 부족한 게 많은 것이 사실이다. 하지만 모임을 통해 너무나 많은 것을 배우고 있다며 자신의 변화에 만족하는 이들을 보는 것만으로도 힘이 솟는다. 새로운 세상 더불어 같이 가야 할 공동체적 가치를 나누며 서로의 발전을 돕고자하는 주부들에게 많은 용기를 ~

☺ **도봉시민회 '즐멤' 찾기**

서울시 도봉구 창 1 동 662-69 (2 층)

Tel. 02)998-5682, http://www.dhc.or.kr

☺ 공부모임 성공노하우

ㅇ 사귐활동 프로그램으로 마음열기 (상대를 깊이 이해하고 진정한 친구되기)
ㅇ 모임의 목적을 자주 확인한다. (서로에게 도움이 되는 관계이어야 함을)
ㅇ 모두에게 역할을 주고 모두가 참여하도록 유도한다.
ㅇ 모임도 훈련이다.
   (서기, 발제, 정보 모으기를 통해 말하기 듣기, 쓰기, 표현하기를 훈련)
ㅇ 보따리를 열심히 챙기고 펴간다.
   (정보, 교육내용, 공동체적 가치, 사회적 이슈 등)
ㅇ 품앗이와 주부독서모임은 나른함을 서로 견제해주는 훌륭한 파트너이다.

참고) 울고 웃으며 주부들의 이야기를 풀어내기 위해 사용한 질문들

ㅇ 내가 만약 처녀로 돌아간다면
ㅇ 가장하고 싶은 3 가지
ㅇ 로또에 당첨된다면 (나만을 위해 쓴다면 어디에 쓸것인가)
ㅇ 화가 났을 때는 언제이고 푸는 방법은
ㅇ 가장 기뻤을때와 가장 슬펐을때는
ㅇ 나의 삶에서 가장 많은 영향을 끼친 인물 세 사람
ㅇ 여자라서 억울했을 때는
ㅇ 내가 우울할 때는
ㅇ 내가 좋아하는 것 3 가지
ㅇ 내가 싫어하는 것 3 가지
ㅇ 후회스러운 일은
ㅇ 행복해지려면
ㅇ 나만의 잘난척 10 가지
ㅇ 10 년, 20 년, 30 년 후의 인생계획은
ㅇ 나의 장점과 단점 3 가지

광명 YMCA 먹거리 생협

이웃과 이웃을 콘크리트벽으로 막아버리는 현대 도시에서 이웃의 정을 느끼며 산다는 것은 생각만큼 쉽지 않다. 그럼에도 삭막한 회색도시를 살아 숨쉬는 공동체로 만드는 사람들이 있다. 이들은 '내 식구만 잘 먹고 잘 사는' 것을 벗어나 더불어 잘 먹고 다함께 잘 사는 공동체를 만들어간다.

지난 9월 22일 아침 10시쯤 경기도 광명시 하안동 아파트 단지에 아주머니들이 모여 들기 시작했다. 반갑게 인사를 하고 이야기꽃을 피우던 이들은 곧 도착한 광명 YMCA 차량에서 채소, 고기, 생선, 과일, 달걀 같은 유기농 먹거리를 부려놓는다. 미리 주문한 내역과 대조해서 '등대'끼리 분배하는 데 채 10분도 걸리지 않았다.

아름다운 만남 '등대'

광명YMCA 생협(이하 광명Y생협)의 가장 큰 특징은 따로 유기농 먹거리 매장을 만들지 않고 '등대'끼리 필요한 먹거리를 공동 주문하고 분배도 등대끼리 한다는 점이다. 자연스럽게 등대모임이 생협의 중심이 되도록 하는 구조다. 또 등대모임에서는 공동체

화끈한 등대 촛불들이 등대모임을 시작하기 전, 담소를 나누고 있다.
강국진 기자 globalngo@ngotimes.net

를 느낄 수 있도록 다양한 프로그램을 마련한다.

광명Y 생협은 회원을 '촛불'이라 부른다. 촛불 대여섯은 '등대'를 이루고 등대들이 모여 한 마을을 이룬다. 하안 12단지에는 다섯 등대가 있다. 화끈한 등대, 빵빵한 등대, 햇살 등대, 개미 등대, 맑은 등대 식으로 저마다 이름이 있다. 이들이 한 마을이다. 등대에는 등대지기가 있고 일주일에 한 번씩 정기모임을 연다. 촛불들은 각자 '지기' 모임에 의무적으로 가입해야 한다. 생활재, 독서, 나눔, 사귐, 세상 등이 있는데 한 달에 한 번 정기모임을 연다. 등대지기들은 이 자리에서 배운 내용을 등대모임 때 알리고 토론을 벌인다.

11시가 되자 김희진 씨 집으로 '화끈한 등대' 촛불 6명이 모이기 시작했다. 서로 반갑게 인사를 주고받으며 사과도 나눠 먹는다.

저농약 사과라 그런지 껍질을 깎지 않고 먹는다. 등대모임은 촛불들 집에서 돌아가면서 열고 사회도 교대로 맡는다.

촛불들은 곧 등대모임을 시작했다.

맨 먼저 생협 생활수칙을 낭독한다.

"자연자원과 생활용품의 소비를 최대한 줄인다. 환경오염을 줄이는 방향으로 생활방식을 바꾼다. 지역자치에 관심을 갖고 참여한다. 항상 배우고 실천하며 나누는 생활을 한다."

모임에 노래가 빠질 수 없다. 이번 주에 부를 노래는 동요 '노을'. 곧이어 이어지는 '나 만나기' 시간. 10분가량 명상을 통해 자신을 되돌아보는 시간이다. 명상음악이 흘러나오자 모두들 눈을 감고 명상에 빠진다. 함께 온 아이들도 엄마들을 따라 눈을 감고 명상 흉내를 낸다. '생활나눔과 반성'은 자신이 일주일 동안 생활하면서 느낀 점과 반성한 일들을 솔직하게 털어놓는 시간이다. 이를 통해 다른 촛불이 지난 한 주 어떻게 지냈는지 알게 되고 서로를 더 이해하게 되는 셈이다.

일주일마다 주제를 바꿔가며 벌이는 토론이 등대모임 2부를 이룬다. 오늘은 생활재지기, 사귐지기, 독서지기가 월례 '지기모임'에서 배운 내용을 설명한다. 생활재지기는 추석을 맞아 국산품과 수입품을 판별하는 방법, 남는 의식 처리법, 기름 종류 구별법 등을 설명한다. 독서지기는 이번 달 읽을 책으로 『석유시대, 언제까지 갈 것인가』를 제시했다. 사귐지기가 토론을 이끌 주제는 단점을 바꾸는 법이다.

촛불들이 이끌어가는 광명시 나눔장터에서 시민들이 물건을 보고 있다.
강국진 기자 globalngo@ngotimes.net

공동체 삶 위한 '촛불'

"등대모임 활성화가 생협이 성공한 결정적인 요인"이라고 힘주어 강조하는 박제훈 광명Y생협 간사는 풀뿌리의 힘에 기댄 활동을 무척 자랑스러워 한다. 촛불들의 힘이 등대로 다시 마을로 모이고 이 힘이 생협과 광명Y의 힘으로 이어진다는 것이다.

실제 촛불들은 생협을 하고 나서 많은 부분이 바뀌었다며 생협 자랑이 대단했다.

화끈한 등대 생활재지기인 심미정 씨는 "처음엔 유기농을 먹을 수 있다는 생각에" 생협에 가입한 경우다. 그는 "등대모임을 하기 전에는 내성적인 성격이었다"며 "등대모임에 참여하면서 많은 사람을 만나고 인간관계가 좋아졌다"고 자랑했다. 일 년마다 등대모임을 새로 구성해서 계속 새로운 촛불들과 새로운 만남을 가질 수 있도록 한 방침 덕분이라는 것이다.

먹거리생활이 바뀐 점도 큰 변화다. 촛불들은 대개 아이들에게 인스턴트식품을 먹이지 않기 위해 노력한다. 아이들도 인스턴트식품이 몸에 안 좋다는 걸 듣다 보니 자연스럽게 환경을 생각하는 마음을 배우게 된다.

한 촛불은 "아이들이 먼저 감자나 고구마 껍질에 영양분이 많다고 하면서 껍질을 벗기지 않고 먹는다"며 "아이들의 먹거리문화가 바뀌면서 아이들이 더 건강하게 자란다"고 흐뭇해 했다.

김지영 마을지기(광명시 철산8단지)는 "모임을 계속하다 보면 다들 환경을 생각하고 자치를 고민하는 등 좋은 방향으로 발전한다"고 자랑한다. 주부 조춘만 씨는 "믿고 먹을 수 있고 제철에 난 자연식을 먹기 위해 생협에 가입했다"며 "공동체 생활을 하게 되면서 생활도 많이 바뀌었다"고 말했다. 햇살 등대 생활재지기 황규옥 씨는 "시민들이 공동체 생활을 하는 것이 가장 중요하다"며 "먹거리는 오히려 두 번째"라고 설명했다.

촛불들부터 올라오는 먹거리 생협의 힘은 촛불들이 주도적으로 참여하는 나눔장터에서 확실히 드러난다. 생협에서는 부정기 나눔장터와 정기 나눔장터를 광명시 곳곳에서 연다. 한 번 열 때마다 수백 명이 몰리는 이 나눔장터는 준비부터 판매까지 모두 촛불들 힘으로 해결한다.

모범적인 생협으로 알려지면서 다른 풀뿌리단체에서 견학도 많이 오고 배우려는 단체도 많지만 광명Y생협도 고민이 없지는 않다. 박 간사는 "등대모임에 참여할 수 있는 사람은 대부분 가정주부이고 사실 직장에 다니는 여성은 등대모임에 참여하기 힘든 게 사실"이라며 "결국 생협이 중산층 운동이 아니냐는 비판도 듣는다"고 털어놓는다. 또 다른 문제는 생협 이사회를 구성하는 마을지기들에게 업무가 과도하게 집중되는 경향이 있다는 점이다. 박 간사는 "마을지기들 가운데 부담을 느끼는 사람도 없지 않다"고 귀뜀했다.

강국진 기자 globalngo@ngotimes.net

🖊 밥은 하늘입니다

박 제 훈
광명 YMCA 간사

"밥은 하늘입니다. 하늘을 혼자서만 가질 수 없듯이 밥은 서로서
로 나누어 먹는 것입니다."

광명YMCA에서 운영하는 풀씨(유아 대안학교), 볍씨(초등 대안
학교)학교에서 밥 먹기 전에 아이들이 부르는 노래이다.

광명YMCA는 "생명이 소중한 세상, 생명이 자유로운 세상"을 만
들어 나가는 운동을 전개하고 있다. 우리가 사는 이 땅을 살리고,
아이들을 살리고, 우리가 사는 삶의 터전을 살리고자 하는 것이다.

광명YMCA가 추구하는 것은 내용적으로는 '생명을 살리자'는 운
동이면서 조직적으로는 생활협동조합(생협)에 기반하여 운영되
고 있다.

생협은 가장 기본이 되는 먹거리에서부터 자녀교육, 가정, 환경,
경제적인 문제에 이르기까지 생활상의 여러 문제들을 조합원(회
원, 주민)들이 자치적으로 협동하여 해결해 나가는 조직이다.

광명YMCA는 1995년에 생협을 시작하였는데, 우리가 흔히 알고
있는 먹거리 공급위주의 생협이 아닌 철저히 공동체를 지향하는

이른바 공동체(등대)형 생협을 운영하고 있다.

생협은 촛불(조합원)과 등대(공동체)로 구성되어 있다. 촛불은 자신을 태워 세상을 밝힌다는 의미이며, 등대는 우리의 삶과 세상이 나아가야 할 길을 비춘다는 의미이다. 촛불 5~6명이 모여 1개의 등대가 구성되며, 현재 50개 등대 300명의 촛불들이 활동하고 있다. 등대는 일주일에 한 번씩 등대모임을 하며 이때 공동 주문했던 생활재(유기농 먹거리 등)를 공급받는다.

등대모임에서는 촛불들 간의 사귐 활동, 독서토론, 먹거리 공부, 에너지 절약과 같은 생활실천사항, 시사(時事), 자녀교육 등 다양한 내용들을 촛불들끼리 나누고 지난 주간의 생활나눔과 생활반성, 앞으로의 생활실천사항을 정한다. 등대가 모여 마을을 이루는데 현재 적게는 3개 등대에서 많게는 10개 등대가 모여 한 마을을 구성하고 마을단위로 다양한 사업들을 진행하고 있다. 대표적인 마을 사업으로는 아나바다* 나눔장터 사업, 마을 도서관 만들기 사업, 놀이터 환경개선 사업, 마을 축제 등이 있다.

생협을 근간으로 하는 광명YMCA의 또 다른 특징은 철저히 회원(촛불) 중심의 사업을 진행한다는 데에 있다.

현재 광명YMCA가 안팎에서 벌이는 모든 사업은 촛불들에 의해 진행되고 있다. 회원 지도력이 성장하기까지만 실무자들이 개입하며 회원 지도력이 성장한 이후에는 실무자는 보조적인 역할만을 수행할 뿐 사업기획에서 진행까지 대부분을 회원들이 맡아 진행하고 있다.

---

* 아껴 쓰고, 나누어 쓰고, 바꿔 쓰고, 다시 쓰는 생활을 하자는 캠페인을 이르는 말.

그러나 이렇게 철저히 회원 중심의 사업을 진행하다 보니 회원들의 관심이 집중되어 있고 실천 가능한 사업 위주(현재 대부분이 주부회원이다)로 진행이 되어 사업의 범위가 제한적이고 더디게 진행되기도 하며 지역 현안에 발 빠르게 대처하지 못하는 한계가 있다. 또한 아직까지 지도력에 있어서는 이사급 10여 명에 국한되어 있어 사업의 확장이 어렵고, 이들에게 일 부담이 집중되어 힘들어하는 회원들이 나타나기도 한다.

현재 이러한 한계들이 있지만 사람이 바뀐 만큼 세상이 바뀐다는 점에서 그리고 진정한 지방자치, 생활자치는 주민들의 참여 속에서 이루어진다는 점에서 회원중심의 사업 방식은 계속적으로 유지해 나갈 것이며 다만 앞으로 더 많은 회원 지도력의 발굴과 회원 지도력의 성장을 위한 노력이 요구되고 있다.

최근 웰빙(WellBeing) 바람과 함께 건강한 먹거리에 대한 관심이 높아지고 있으며 이와 더불어 생협에 대한 관심도 높아지고 있는 것 같다. 그러나 대부분의 사람들은 생협을 유기농 먹거리를 공급하는 곳으로만 인식하고 있는 것 같다.

생협운동은 앞에서 언급한 바와 같이 생명운동이며, 협동운동이고, 생활자치운동이나 결코 사적(私的)인 웰빙을 위한 운동이 아니다. 그러나 유감스럽게도 최근 웰빙 바람에 편승하여 유행처럼 유기농 매장이 증가하고 있고 기존의 생협들도 매출을 늘리기 위해 경쟁적으로 사업을 확장하고 있다. 생협은 근본적으로 협동과 자치를 근간으로 하며 결코 경쟁과 자본논리에 지배되어서는 안 된다고 생각한다.

개별화되고 편의주의화, 물질화 된 시대에서 생협으로서의 정체성을 유지하고 성장시키는 것이 어려운 과제로 남아있다. 그러나 이러한 시대 변화 속에서도 시대의 지향은 명확하다. 자연과 인간이 더불어 공존하는 세상, 가난하지만 서로 돕고 협동하는 세상, 스스로의 삶을 자치적으로 해결하는 세상을 만들어야 하는 것. 또 이것이 생협의 방향이라 생각한다.

☺ 광명 YMCA 찾기

경기도 광명시 하안 3 동 62-4 우성빌딩 60
Tel. 02)809-2081
http://www.kmymca.or.kr
kmymca@hanmir.com

☺ 먹거리 생협이 어디 있는지 찾으려면

생활협동조합전국연합회(http://www.co-op.or.kr)
한살림(http://www.hansalim.co.kr)
여성민우회(http://www.minwoocoop.or.kr)
생협연대 (http://www.icoop.or.kr)

녹색가게 풀빛살림터

녹색가게 〈풀빛살림터〉를 찾는 일은 그리 어렵지 않았다.
서울 강북구 미아8동 동사무소를 물으니 동네 주민이 친
절하게 위치를 알려준다. 주민자치센터로 바뀐 그곳 2층 복도엔
풍물 · 노래교실을 여는 소식을 적어 알리고 있었다. 복도 저쪽에
는 칙칙한 군복차림의 남자들이 모여 무언가 열심히 사무를 보고
있는 예비군 중대가 자리 잡고 있었다. 과거와 현재가 공존하는
묘한 느낌이 들었다고 할까. 풀빛살림터는 건물 지하에 자리 잡고
있었다.

한 쪽에는 여성복이 옷걸이에 빼곡히 차 있고, 다른 쪽에는 재봉
틀 몇 대, 그리고 자원봉사 회원들이 앉아 있다. 인형 200원, 책
100원, 아기수영복 200원, 장난감 500원… 이거 아이들 소꿉장난
도 아니고 너무 싼 건 아닐까? 과연 '지속가능한 운영'이 가능한 걸
까 걱정이 들 정도로 가게의 물건값은 싸다.

"그래도 손해는 안 봐요. 60만 원이 회비로 들어오고 수도세나
인터넷 전화사용료 등 운영비 20여 만 원, 인건비 30만 원을 제외
해도 운영은 가능하니까요."

'녹색삶을 위한 여성들의 모임'에서 파견, 풀빛살림터 살림을 책임지고 있는 상근활동가 이소연 씨(26)의 말이다. 물건가격이 매겨져 있지만 때로는 가격을 흥정하기도 한다. "물론 처음에는 싼맛에 녹색가게를 찾는 경우가 많죠. 하지만 계속 '관계'가 만들어지면 단지 물건을 사고파는 관계가 아닌 지역과 공동체에 눈을 뜨게 됩니다." 녹색살림터의 영업비밀(?)은 거기에 있었다.

즉 한 번 물건을 산 사람들이 나눔의 정신을 이해하고, 다시 자기가 썼던 다른 물건을 들고 오면서 가게가 지속되는 것. 자원봉사자들이 다림질과 재봉으로 물건을 수선하거나 볕이 잘 드는 날에 햇볕에 말리는 등, 물건 상태를 최상으로 유지하는 것도 운영비결이다.

"이거 시중에서 사려면 5만 원은 더 줘야 해요. 이걸 500원에 샀으니 나름대로 괜찮은 거 아니겠어요?" 마침 손님으로 풀빛살림터를 방문한 우미영 씨(주부, 41세)의 말이다. 재봉기술이 있는 우씨는 자신이 구입한 옷을 직접 맞춰 줄여가기도 한다. 남편에게는 싸게 구입한 물건이라고 일부러 밝히지는 않지만, 비싼 양장에 비해 손색이 없기 때문에 주위 친구들에게 적극 권유하기도 하기도 하고, 나름의 '녹색가게 마니아'도 형성되어 있다고 그는 귀띔한다.

우리는 그들을 자원봉사 마술사라 부른다

풀빛살림터의 비밀은 따로 있다. 입구에 쌓여 있는 나뭇가지들이 문득 궁금해진다. "이거요? 가로수 가지치기를 하고 나온 것들이에요." 나뭇가지들 종류도 가지가지다. 옷가지 등의 재활용품의 한켠에는 풀빛살림터가 생산한 생활공예품이 전시되어 있다. 나뭇가지를 비롯해 여기에 진열되어 있는 목걸이, 수저받침대, 명함,

풀빛살림터 회원들이 대안 생리대를 만드는 과정을 배우고 있다
양계탁 기자 gaetak@ngotimes.net

생활장식품 등 모두가 재활용되지 않았다면 애물단지였을 생활폐
기물이 재료라는 것. 그렇다고 뭔가 구질구질한 느낌이 드는 것은
아니다. 가로수로 많이 쓰이는 단풍나무는 결이 하얗고, 플라타너
스는 무늬가 강하며, 은행나무는 부드러운 특징을 가졌다. 가지치
기를 하고 남은 나무로 만든 목걸이는 의외로 고급스런 이미지다.

폐기물로 생활공예품으로 만든 '마술사'는 이종선 씨(화가 · 57
세)다. 그 역시 풀빛살림터에서 자원봉사를 하고 있다. "더 중요한
것은 흔히 지나치기 쉬운 사물들이 갖고 있는 아름다움을 드러내
는 것입니다. 흔히 발에 차이는 조약돌도 뜯어 놓고 보면 자기만
의 아름다움이 있고, 가지치기로 잘려나간 나뭇가지도 단면을 곱
게 갈면 아름다운 문양이 나타납니다. 작업을 하면서 나무를 새롭

게 보는 생태에 눈을 뜬 것이죠." 이씨의 설명이다. 전공이 미술인 그는 회화로는 표현이 안 되는 생활 속의 미술을 풀빛살림터라는 공간을 통해 다른 이들과 같이 실천하고 있다. 폐(弊)한지를 여러 장 겹쳐 만든 명함에도 이유가 있었다.

"보통 이곳에 오는 분들은 가정주부, 여성들인데 생활 속에서 어느덧 자기이름도 잘 안 쓰고, 누구누구 엄마로 불리게 되죠. 정성 들여 자신이 만든 명함을 상대방에게 전달했을 때 특색도 있고, 잃어버린 자신의 이름도 되찾는, 그런 의의가 있어요."

물론 이씨 말고도 '마술사'는 여럿 있다. 자원봉사를 하는 박금옥 씨(주부, 42세)는 아침 10시부터 아이들이 학교에서 돌아오는 오후 3~4시까지 회원들이 기증한 옷을 추려내고, 수선을 한다. 심하게 망가진 것은 빨아서 수선을 한다든가 새 옷 같이 재봉을 하기도 하고 버리는 것은 없다. 그는 "내 가정만 알다가 보다 넓은 '지역'을 알게 되고, 지역사회에 나름대로 참여한다는 것에 보람을 느낀다"고 말한다. 이소연 씨는 박씨 뿐 아니라 박씨의 남편도 환경교육자료의 컴퓨터 편집을 도와주는 등 "적극적으로 밀어주고 있다"고 살짝 덧붙인다.

자원봉사 중 제일 '왕언니'인 신덕례 씨(주부, 47세)도 자원봉사 예찬론자다. 그는 풀빛살림터 활동과 별개로 1991년부터 이·미용 자원활동을 해온 고참활동가다. "처음에는 애들에게 본보기가 되기 위해 시작했어요. 나보다 남을 생각하는 것을 실천으로 옮기는 게 산교육이라고 생각 했죠" 자연스럽게 아이들도 자원봉사를 나서게 되었다.

"아이 돌보기 같은 걸 하는데 애들도 좋아하고, 장애가 있는 아이들 기저귀도 갈고, 돌보는 일을 통해서 자기가 느끼는 것을 이야기 하더군요."

지역활동, 구체적으로 녹색가게가 성공하기 위해서는 먼저 '경험'이 중요하고, 둘째로 주민들의 욕구지점을 찾아내는 것이 중요하다고 이씨는 조언한다. "무턱대고 하는 것보다는 주민들의 욕구를 먼저 건드려주는 것이 중요합니다. 다음으로는 주민들과 관계가 지속적으로 될 수 있도록 동아리 형식으로 가는 것이 좋은 것 같아요."

동아리 활동 등을 통한 교육이 없다면 주민들이 방치되어 한 단계 더 발전과 성숙을 기대하기 힘들다는 것이 그가 말하는 노하우다. 수선이나 비즈공예(구슬을 꿰어서 액세서리, 가방과 같은 일상 생활품을 만드는 것), 환경교육과 같은 동아리 활동을 녹색가게와 적극 결합한 것도 그런 이유다. "대부분 이 지역에 사는 주부들이 재봉틀 같은 것을 다루는 데 익숙한 사람들이 많습니다. 나오다 보니까 자기가 할 수 있는 것이 있을 것 같고, 또 재미있어 자연스럽게 참여하게 되는 거죠. 항상 손님은 있을 수도 있고 없을 수도 있습니다. 이것을 극복하는 것이 바로 '관계 맺기'라고 생각해요." 이씨의 말이다.

정용인 기자 inqbus@ngotimes.net

더불어 행복해지기 위한 노력

이 소 연
녹색가게 '풀빛살림터' 상근자

녹색가게에 대한 고민은 강북구 지역 시민단체인 녹색삶을 위한 여성들의 모임에서 시작됐다.

녹색삶을 위한 여성들의 모임(이하 녹색여성모임)은 처음엔 주부들의 개인적인 관계로 출발했지만, 나의 고민이 사실은 모두의 고민이며, 개인적으로는 그 문제들을 해결할 수 없다는 것을 확인하는 과정을 통해 한 모임으로 성장하게 되었다.

처음의 시작은 '우리 스스로 할 수 있는 방법을 찾자'는 것이었다. 여러 논의를 통해 지역의 어린이와 청소년을 위한 방과후 교실과 지역 여성들을 대상으로 한 자원봉사자 조직, 취미·문화 교실, 무공해 비누 만들기와 같은 환경활동 등을 기획하며 운영해 나갔다. 이러한 사업의 성과들은 지역주민과 녹색여성모임과의 신뢰 관계를 한층 더 성장시켰다.

특히, 생활 근거지를 중심으로 한 환경운동은 주부들의 구체적인 실천을 바탕으로 많은 성과를 거두었는데, 1998년 문을 연 〈강북녹색가게〉를 강북구에서는 최초로 2003년 수유2동 주민자치센터로 독립시켰다. (그해 수유2동 주민자치센터는 서울시에서 평가하는 우수 주민자치센터 및 우수 프로그램, 우수 자원봉사자 활동 센터로 선정되었다.)

그리고 이 과정을 통해 만들어진 지자체와의 파트너십은 이후 미아8동 주민자치센터 공간에 새로운 형태의 녹색가게인 풀빛살림터의 문을 열게 해주었다.

환경운동과의 즐거운 만남

강북구청과 (재)한국환경민간단체의 지원을 받아 올해 4월 28일 문을 연 풀빛살림터는 그야말로 업그레이드된 녹색가게이다.

'구체적으로 지역주민들이 환경운동에 참여하고, 그 과정을 통해 즐거움까지 함께 맛볼 수 있는 녹색가게는 없을까?'

1998년 강북녹색가게의 문을 열면서 하던 고민이었는데, 지금까지도 변함이 없다. 다만 주민들의 의식이 변하고 사회가 변한 만큼 녹색가게도 함께 변했다. 그래서 풀빛살림터는 기존 녹색가게의 운영방식(헌 물건을 기증받고, 교환하는 방식)에 마을 공동 재활용작업장으로서의 역할과 환경교육센터로서의 역할을 더하고 강화하였다.

마을 공동 재활용작업장인 풀빛살림터에서 주민들은 스스로 헌 물건들을 고쳐갈 뿐 아니라 서로의 물건을 고쳐주기 위해 창의적으로 노력한다. 풀빛살림터는 이러한 기능을 유지하고 발전시키기 위해 다양한 동아리모임을 수시로 갖고 있는데, 수선 동아리, 환경교육 동아리, 비즈공예 동아리 등이 대표적인 예이다. 각 동아리 모임은 숙련된 자원봉사자를 중심으로 관심 있는 주민들의 자발적인 참여로 만들어 졌다.

동아리들은 유기적으로 연대하며 서로의 기술에 새로운 기술을

접목시킨다. 예를 들면 환경교육 동아리에서 진행하고 있는 가지치기된 나뭇가지로 만드는 공예품에 비즈를 활용해 보기도 하고, 헌 옷가지를 활용해 만든 손가방에 나무장식품을 달기도 한다. 수선 동아리에서는 여성의 건강을 생각하고, 환경친화적인 면 생리대 만들기 프로그램을 개발해서 환경교육 동아리에 새로운 내용을 지원하기도 한다.

9월 중순부터는 환경교육 동아리가 강북구에 위치한 초등·중학교에 직접 찾아가 환경교육을 진행할 예정이고, 10월부터는 부모와 자녀를 위한 환경교육 프로그램인 '나무공예'가 환경동아리 회원의 자원봉사에 의해 지속적으로 진행될 예정이어서 환경교육장으로서의 역할은 한층 더 강화 될 예정이다.

풀뿌리에서 생산자협동조합을

풀빛살림터의 새로운 목표는 직능단체와의 구체적인 관계형성이다. 직능단체의 구성원들은 대부분 그 지역의 토박이들로 구성될 뿐 아니라 지역사회에서 일정한 영향력을 가지고 있기 때문이다. 풀빛살림터가 지역 근거지를 통한 활동인 만큼 직능단체와의 관계형성은 의미가 있다. 아직까지는 직능단체에서 활동하는 주부가 풀빛살림터에서 자원봉사를 하며 개별적인 관계를 맺고 있는 수준이지만, 풀빛살림터를 구성하고 있는 내용(주민의 역동적인 참여와 지역공동체 문화)과 참여자들의 의지를 볼 때, 곧 좋은 결실을 맺게 될 것이다. 우선 직능단체가 적극적으로 지원하는 동단위의 행사 '은행나무 축제' 등에 참여하고 함께 할 수 있는 여건을 지속적으로 만들어 갈 예정이다. 약간은 다른 단어를 사용하고, 서로 다른 앞치마를 입고 있지만, 더불어 행복해지기 위해 같은 노력하고 있다는 사실을 서로 확인할 수 있을 것이다.

풀빛살림터의 또 한 가지 목표는 지역에서 워커스 컬렉티브 (Workers Collective 생산자협동조합)의 기반을 만들어 내는 것이다. 아직까지는 참여자들의 욕구를 확인하고 있는 정도지만, 지속적인 동아리 활동을 통해 전문성이 확보되고 희망과 자신감, 창조력을 놓치지 않는 다면 충분히 실현가능한 목표다. 자율성이 확보된 다양한 창작활동을 통해 볼 수 있는 주민들의 즐거운 모습에서 잃어버렸던 참된 노동의 가치와 미래를 발견할 수 있을 것 같다.

⌣ 풀빛살림터 찾기

서울 강북구 미아 8동 주민자치센터 내
Tel. 02)983-6678, http://www.glife.or.kr

2 지역에서 대안을 찾는다

이웃이

경쟁과 다툼의 대상이기만 할 때

건강한 삶이란 불가능하다.

잃어버린 이웃을 되찾아 가는 길,

힘든 짐을 나누어 경쾌하게 더불어 나아가는 삶은

그 과정이 곧 결과이다.

지역품앗이 광명그루 통장

"**마**이너스 통장이 되더라도 불안해하진 마세요."
지역품앗이 광명그루 통장에는 기분 좋은 거래만 있다.
한 회원이 운영하던 학원을 그만두면서 사무용구를 광명평생학습원 사무국에 기부했다. 이를 받고 사무국은 회원 이름의 통장에 3만 그루를 적어줬다. "요새 돈 내고 버려야 하는데 이런 것도 받네요." 회원은 도리어 빚진 사람마냥 웃음 가득한 얼굴로 통장을 들고서 돌아갔다.

'더불어숲 통장'엔 행복이 가득

지난 8월 광명 그루장터가 열렸다. 한 회원이 '낙지볶음 잘 만드는 법'을 소개하고 싶다고 나섰다. 무료강의는 아니었다. 요리비법을 전수 받은 참가자들은 회원에게 2천 그루씩을 강의료로 지급했다. 그회원은 받은 그루를 자신이 활동하고 있는 생태학습 동아리의 그루통장으로 모았다. 동아리 활동에 필요한 자원활동이나 물품구매에 사용하고 싶다는 뜻이었다.

광명시에서는 2004년 3월부터 광명평생학습원, 생협 등 지역 기관과 시민사회단체들이 중심이 돼 지역통화를 사용하기 시작했다.

현재 200여 명의 광명시민들이 회원으로 참여하고 있는 이 지역통화의 이름은 '지역품앗이 광명그루'. '100원=100그루' 단위로 통하는 광명그루는 '광명더불어숲통장'이라는 이름의 통장형으로 운영되고 있다.

직접거래내용을 적는 통장형지역통화
광명 더불어숲 통장

통장으로 운영하니까 모든 거래는 통장에서만 오고 간다. 100원에 해당하는 금액인 100그루통화를 거래할 경우, 물건을 판 사람의 통장엔 100그루가 더해지고, 물건을 사간 사람의 통장에는 100그루가 빠진다. 통장의 기록으로 지불이 이뤄지니 모든 통장의 잔액을 합치게 되면 제로가 된다.

미술치료 강사 윤순희 씨는 임상을 겸한 강의를 진행하면서 수업료를 이 지역통화로 받았다. 그리고 그렇게 모인 그루로 평생학습원의 다른 강의를 듣겠다는 야무진 꿈을 꾼다. 회원 김효숙 씨는 다른 회원들의 아이를 돌봐주고 6천 그루에서 1만 그루를 받았다. 거래 상대가 누구냐, 어떤 상황이었느냐에 따라 거래 가격은 조금씩 달라진다.

지역의 한 법무사는 1주일에 하루 저녁시간 무료 법률상담을 해주고 있는데, 지역통화가 운영되면서 회원들이 그에게 '공짜' 대신 2만 그루씩 통장에 상담료를 넣어주기 시작했다. 전에는 자원봉사자에게 기껏해야 고맙다는 인사가 끝이었다면 그루통장이 생기고 나서부턴 고마움을 표시하는 것도 달라진 점이다.

사실 거래 영역은 더욱 무궁무진하다. 여기엔 상상력과 아이디어도 필요하다. 한 주민의 통장을 슬쩍 엿보니 술친구 해 달라는 부탁으로 2천 그루를 쓰고, 함께 산책하기에 응해서 1천 그루를 버는 등 일상생활 속에서 기발한 상상력을 발휘하는 그루통화의 흐름에는 인간관계의 온기까지 느껴진다.

상황이 이렇다 보니 그루통장은 한 개인의 생활기록이 남는 일종의 일기장이 되어버린다. 몇 월 며칠의 그루 사용 내역, 거래자를 보면 내가 누구와 무엇을 했는지 눈에 선하기 때문이다.

"그루통장에서는 플러스, 마이너스가 중요한 게 아니에요. 오히려 거래한 내용이 중요하죠. 경제적으로 어떤 가치가 있는지 따지기보다 사는 이야기가 들어 있으니까요. 바로 서로의 마음을 나눈 흔적이죠." 조용식 지역품앗이 광명그루 사무국장의 얘기다.

때문에 통장에 마이너스가 나더라도 불안감은 갖지 않아도 된다. 그루 통장에 찍힌 표시는 공동체의 주고받음의 표시일 뿐, 빚을 지고 빚을 주는 건 아니니까.

품앗이로 여는 지역통화의 꿈

2~3년 전 시작된 광명시의 지역통화 논의는 원래 광명시평생학습원 사업 중에 소외계층 지원사업 부문에서 출발했다. 돈이 없는 소외계층도 교육 서비스를 받을 수 있도록 하자는 취지였다. 여기에 2003년 광명시와 학습원, 지역 시민단체 관계자 등이 함께 교육통화 워크숍을 열고, 그 해 6월 일본 지역통화 연수를 다녀오면서 본격적으로 지역통화를 구상하고 추진하기 시작한다. 곧 추진

협의회가 구성됐고 2004년 3월 '지역품앗이 광명그루' 라는 이름으로 지역의 여러 주체들이 네트워크로 구성된 광명시 지역통화가 출범하게 된다. 여기엔 광명생협, 광명시 평생학습원, 구름산자연학교, 광명동화읽는어른모임, 여성의전화, 광명장애인종합복지관, 광명시종합자원봉사센터 등 14개 단체가 참여하고 있다.

광명 지역통화에 참여하는 건 지역 시민사회단체 뿐만이 아니다. 인쇄소, 옷가게, 할인마트 사장님 등 지역의 뜻있는 이들이 지역통화에 가맹점으로 흔쾌히 동참 의사를 밝히기도 했다. 광명시 한 병원도 지역통화에 참여할 의사를 밝혀, 함께 활용 방안을 고민 중이기도 하다.

광명생협의 박애선 씨는 광명그루 게시판에 초등학생 영어와 성인 독일어를 가르칠 수 있다고 자신의 재능과 노동을 내놓았다. 그 대신 일주일에 하루 청소도우미를 요청했다. 그는 "우리 사회가 서울법대 출신의 한 시간과 일용직 근로자의 한 시간의 차이가 심각하게 커지고 갈수록 빈부격차만 심해지는 것 같다"며 "돈 자체가 노동의 생산과정을 전혀 담고 있지 않은 현실에서, 지역통화는 원래 사람들이 원하던 화폐의 본래 의미로 돌아가자는 취지로 본다"고 말한다.

지역통화는 '공동체'

광명평생학습원은 지역통화가 학습도시 건설에도 유효하다고 주장한다. 학습원은 동아리 회원들이 스스로 필요한 강좌를 기획하고 강사를 초빙하고 운영하는 일종의 '교육 품앗이'라 불리는 활동을 적극 독려하고 있다. 회원들 간에 지역통화를 활용하는 것이 이 같은 자발적 학습모임이 활성화되는 데 매우 유용하다고 한다.

2004년 9월 18일 광명 평생학습원 동아리 축제에서 열린 어린이 그루장터. 한 어린이가 그루 통장을 이용해 집에서 가져온 안쓰는 물건을 팔고 있다. 최문주 기자 cmjoo@ngotimes.net

또 자율적인 학습 토대가 지역통화 활성화에도 밑거름이 될 수 있으리라는 기대다. '교육통화'는 평생학습도시라는 꿈을 실현해 가고 있는 광명시가 품고 있는 또 다른 꿈이다.

"지역통화 자체의 규모가 커지는 것을 바라지는 않습니다. 다만, 참여단체별, 동아리별, 더 작은 지역별로 다양한 구조 속에 서브렛츠(sublets)*들이 생기고 이 서브렛츠들이 서로 인터렛츠(interlets)한다는 것이 장기적 비전입니다." 이병곤 지역품앗이 광명그루 대표는 아직 시작단계에 있는 광명그루의 전망에 대해 확

---

* 지역 교환 교역 시스템(Local Exchange Trading System: LETS). 레츠란 지역 공동체 내에서만 유통되는 유·무형의 지불 수단을 마련해, 이것에 근거하여 서로 재화와 용역을 교환하는 시스템을 말한다.

언하긴 어렵다면서도 조심스레 말을 꺼낸다.

"요즘 생활이 어려워져서 병원비를 못 내고 도망가는 환자들이 많다고 하더군요. 병원 관계자와 지역통화 활용법을 고민하면서 나온 생각인데, 이들에게 그루통장을 만들어주고 통장에 미지급 병원비 만큼, 예를 들어 마이너스 50만 그루라고 적는 겁니다. 그 돈 50만원은 받지 못할 수 있죠. 하지만 그 50만 그루가 언젠가 우리 사회에 건강한 방법으로 환원될 거라 믿기 때문에 지역통화의 상상도 현실 가능한 것 아닐까요."

법정화폐가 빼앗아 간 사람과 사람사이의 관계를 다시 가져오는 것, 그럼으로써 공동체를 회복하는 것. 지역통화, 광명그루의 가능성은 바로 그러한 믿음에서 출발했다.

최문주 기자 cmjoo@ngotimes.net

✎ "마이너스 통장도 좋아요"

조 용 식
지역품앗이 광명그루 사무국장

"지역통화가 무엇인가요?"

"아 그러니까…"

홍보행사를 하거나 인쇄물을 보고 찾아온 시민들이 '지역통화'에 대해 물을 때 지역통화에 대하여 아무리 많이 알고 있다고 해도 즉시 답을 내놓지 못하면 별로 도움이 되지 않는다. 대부분의 사람들이 지니고 있는 급한 성격 때문에 무엇이든 아주 쉽고 빠르게 이해시키지 않으면 문의한 사람을 가입하도록 설득하기란 무척 어려운 일이 되어 버린다. 그래서 1분 안에 설명할 수 있는 방법을 찾아야 한다.

"품앗이는 아시죠? 이 품앗이라는 게 두 사람 사이에서 이루어지잖아요? 그러니까 나와 상대방이 원하는 것과 줄 수 있는 것이 서로 일치해야 되잖아요? 이런 품앗이의 어려움을 해결하기 위해 여러 사람이 같이 쓸 수 있도록 하는 방법이 지역통화입니다."

이 설명을 통해 '아~' 하는 반응을 얻은 후에야 거래는 어떻게 이루어지며, 무엇이 거래될 수 있고, 거래에 사용되는 통장(광명에서는 통장형 지역통화가 사용됨)의 역할과 사용법을 차례로 설명할 수 있다. 이러한 과정을 거쳐 가입한 회원이 10월 현재 200명이며, 회원 간의 거래를 더욱 활성화시키기 위하여 '그루장터', '그루학교'와 같은 행사들을 정기적으로 진행하고 있다.

나눔의 실천! 그 어려움과 희망

광명에서 지역통화가 시작된 것은 지난 2003년으로 거슬러 올라간다. 광명시평생학습원에서 추진하는 '교육통화 추진사업'이 지역에서 활동 중인 기관·단체들과 공유되었고, 2003년 6월에 진행된 일본 연수는 이런 논의를 현실로 만드는 계기가 되었다. 그 후심포지엄과 모임을 통해 추진위원회가 구성되고, 계속되어 이어진 '분과회의'와 '추진위원회의'가 결실로 맺어져 드디어 2004년 3월 16일, 22개 기관과 단체가 참여하는 〈지역품앗이 광명그루〉가공식 출범하게 되었다.

시작 단계였던 처음 7개월은 지역통화를 알리고, 함께 할 사람들을 모으는 시기였다. 지역통화를 알기 쉽고 빠르게 설명하는 것보다 어려웠던 부분은 회원들에게 '제공할 것'과 그들로부터 '제공받고 싶은 것'을 작성하게 하는 것이었다. 물론 가입할 때 적은 것만거래할 수 있는 것은 아니지만, 입회 당시에 적은 내용이 메일을통하여 품앗이 내용을 알리는 토대로 활용되는데, 이 부분에서 가장 많은 시간이 소요되었다.

첫째는 '줄 것이 없다'는 경우인데, 누구에게나 사소해 보일지라도 분명히 자신이 남에게 줄 수 있는 것이 있음을 인식시켜야 한다. 친분 관계가 있는 분들이 같이 가입할 때는 서로 이러한 점을찾아주기도 하지만, 대부분은 다른 사람들이 작성한 자료를 보여주며 설득해야 했다. 둘째는 '받을 것이 없다'는 경우로 생명체가 살아가기 위해서 호흡이 필요하듯이 '나눔'이란, 일반적으로 주기만 하는 것이 아니라 서로 주고받는 것이며, 따라서 주는 것만큼 받는 것도 중요하다는 점을 인식시켜야 했다.

마치 숨을 쉬는 것과 같이 서로에게 도움을 주고받는 일을 자연스럽게 만들려면 아직 많은 용기와 시간이 필요하다. 하지만 회원들이 각자의 마음에 간직하고 있는 '세상을 보다 아름다운 곳으로 함께 만들어 갈 수 있다'는 믿음이 우리의 희망이라고 생각한다.

'그루'에 담긴 뜻

'지역품앗이 광명그루'의 통화 단위인 '그루'는 나무를 셈하는 단위 '그루'를 의미한다. 또한 인도어로는 '큰 스승'이라는 의미를 지니고 있다. 한 그루 한 그루의 나무가 모여 향긋한 내음이 실려 있는 시원한 바람과 깨끗한 물, 그리고 온갖 생명이 살아가는 숲이 만들어지는 것처럼 서로의 삶을 나누면 내가 살고 있는 곳과 사람들을 생명력이 넘치는 아름다운 숲처럼 만들어 갈 수 있다. 이러한 관계 속에서는 서로의 존재가 무의미한 것이 아니라 큰 가르침을 주고받을 수 있는 스승이 될 것이다. 그루들이 모여서 커다란 숲과 같이 공동체를 이루자는 뜻에서 '더불어 숲 통장'을 만들었다.

'광명그루'에서는 1원이 1그루의 가치를 지닌다. 따라서 만 원정도의 가치를 지닌 것이라면 만 그루로 거래할 수 있다. 가끔 통 크게 5만 그루 정도가 거래 될 때, 광명시에 또 하나의 숲이 만들어지는 싱그러운 느낌을 갖게 된다.

'지역품앗이 광명그루'가 넘어야 할 산은 아직 높다. 회원들 사이에 소원한 거래가 활발하게 이루어지도록 만남의 장을 만들고, 지역 내에 다양한 가맹점을 확보하여 그루의 쓰임새가 늘어 서비스가 확대되도록 해야 한다. 이러한 방식으로 지역통화를 이용하여 나눔을 실천한다면 점차 지역사회에 알음알음 '광명그루'의 존재가 알려질 것이며, 이를 통하여 축적되는 회원 각자의 경험은 나눔의 삶을 더욱 확장시킬 것이다. 또한 누군가 의해 이미 만들어 놓은 '광명그루'가 아니라 자신과 이웃들의 참여로 만들어지는 기쁨도 함께 누리게 될 것이다.

'지역통화'는 나눔을 주고받는 삶의 유형이다. 새롭지만 기실 전혀 새롭지 않은 양식이기도 하다. 우리 안에 있는 나눔에 대한 본능을 '그루'가 일깨울 수 있기를 기대한다. 사소한 듯 보이나 이렇게 중요한 소통의 시작을 통해서 말이다.

"배움님 - 저는 기타를 배우고 싶은데, 혼자 익힌 것이라서 영 늘지가 않네요?"

"나눔님 - 그 정도라면 제가 가르쳐 드릴 수 있겠어요. 시간이 언제 괜찮으세요?"

"배움님 - 저야 금요일 저녁 시간이 편한데...."

"나눔님 - 금요일 저녁 7시부터 1시간 반 정도라면 저도 괜찮습니다."

"배움님 - 그럼 몇 그루로 할까요?"

☺ 광명 평생학습원 찾기

경기도 광명시 철산 3 동 419 번지 423-837

Tel. 02)2619-6148

http://www.gmedu.or.kr

☺ 지역화폐를 다루는 곳

한밭레츠 '두루' _ 대전광역시 대덕구 법 1 동 282-7 민들레의원 3 층

Tel. 042)638-2465, http://www.tjlets.or.kr

미내사(미래를 내다보는 사람들의 모임) 클럽 'fm'

서울시 종로구 가회동 172-1 덕양빌딩 2 층

Tel. 02) 747-2261~2, http://www.herenow.or.kr

송파품앗이 '송파머니+SM' _ 서울시 송파구 삼전동 62-2 송파구민회관 2 층

Tel. 02)2202-2351, http://www.pumasi.or.kr

인천 '나눔' _ 인천시 부평구 십정 2 동 467-8 동암역 남부 파리바게트 3 층

Tel. 032)421-6118, http://www.nanum.ispp.or.kr

민들레 교육통화 '민들레' _ Tel. 02)322-1603, http://www.mindle.org

동작지역 지역화폐 _

서울시 동작구 상도 2 동 176-3 동작문화복지센터 1 층 자원봉사은행

Tel. 02)824-5672, 824-0019

그린네트워크 '녹색화폐' _ 서울시 마포구 동교동 201-3 2 층

Tel. 02)337-8100,

http://www.ngu.or.kr/sarang, http://www.greensarang.net

안산 고잔품앗이 _ 안산시 고잔동 659-6 고잔 1 동사무소 2 층

Tel. 031)402-6192, http://www.pumasi.net

과천 품앗이 _ cafe.daum.net/poomasi

가 정 을 넘 어 지 역 으 로   61

대전 민들레의료생협

"**아**, 동부경찰서 앞이라고요? 그곳에서 건널목을 지나 200
미터 정도 들어오시면 됩니다."

대전민들레의료생활협동조합(이하 민들레의료생협)을 찾는 길
은 그리 어렵지 않았다.

아파트 옆 상가건물 2층과 3층에 자리 잡은 민들레의료생협 건
물에 들어서니, 갑자기 쌀쌀해진 날씨에 얼었던 몸이 풀어지는 것
같은 아늑한 느낌이 든다. 진료가 이뤄지는 곳은 2층. 적당한 조명
과 푹신한 의자가 갖춰져 있고 접수창구에는 간호사가 앉아 있다.
잘 꾸며진 여느 클리닉(병원)을 방문한 기분이다. 일반 개인병원
들과 다른 점이라면, 그동안 민들레 의료생협이 진행해온 거리진
료 행사나 조합원 가입권유 패널이 '어느 여성잡지에 그 병원 원장
이 인터뷰한 홍보물' 대신 자리 잡고 있다는 점이다. 물론, 오늘 이
곳을 방문한 목적은 진료를 받기 위한 것은 아니다.

3층의 분위기는 또 달랐다. 따뜻한 방바닥엔 10여 명의 노인들이
둘러앉아 한 명씩 돌아가며 책을 읽으면서, 내용에 맞는 몸동작을
하고 있었다. 할머니, 할아버지들이 하는 '구연동화라… "간단한

동작을 되풀이하는 것 같지만, 사실은 치매예방을 하는 데 아주 좋은 운동이죠." 민들레의료생협에서 일하는 조병민 실장의 설명이다.

"놀이나 게임, 어렵지 않은 동작으로 머리를 쓰게 하는 거죠. 모여 앉아 1주일 동안 지낸 이야기를 돌아가면서 하는 식입니다. 대부분 혼자 지내시는 분들이 많거든요. 좋은 글이 있으면 서로 나누고, 두 달에 한 번 영화를 보기도 합니다." 정부보조로 일정급을 받으며 '민들레 돌보미'로 활동하고 있는 이자우 씨(여, 38세, 그녀는 여기서 '자두'라는 별명으로 불리고 있다.)가 구체적으로 덧붙인다.

의료생협은 '지역주민이라면 누구나 가입할 수 있는 건강모임'이다. 자기 자신과 가족, 이웃의 건강에 관심을 가진 사람들이 참여, 협동조합의 방식으로 만들어진다.

"여러 가지 설명방식이 있겠죠." 대전민들레의료생협의 김성훈 사무국장(32)은 의료생협이 어떻게 만들어지게 되었는가라는 질문에 대해 한국의 의료현실을 먼저 살펴봐야 한다고 말한다.

"사실, 의료의 문제는 일종의 사회적 서비스의 개념에서 공공의료가 돼야 하는데 자기자본으로 운영하는 민간 의료기관이 90퍼센트가 넘고, 공공의료는 10퍼센트가 될까 말까한 것이 사실입니다. 즉, 의료가 시장에서 의사 개인들의 경쟁체제로 되어 있는 거죠."

그러다 보니 질병을 다루는 방식이 예방이 아닌 치료 중심의 운영이 되고, 사람의 질병이 돈벌이 수단이 되는 것이 가장 큰 문제라는 설명이다. 환자는 의료전문가인 의사에 의존하게 되는데, 병원의 '문턱'이 높아서 환자가 방문했을 때는 다시 이미 큰 질병에 걸린 다음인 경우가 많기 때문에 의사의 책임감이 없는 상황에선 다시 질병치료 중심이 강화되는 악순환이 발생한다는 것. 의료생협에 대한 문제의식은 여기서부터 출발한다.

"환자와 의사의 관계가 일방적 권위가 아닌 의료전문지식을 다루는 전문가로서 의사에 대한 환자의 신뢰를 바탕으로, 환자가 스스로 자신을 돌보고, 다시 스스로 건강하기 위해서는 자신의 환경, 마을이 건강해야 한다는 문제의식으로 나아가야 합니다. 그러기 위해 가장 좋은 방법은 의사와 주민이 함께 '협동조합'을 만드는 것입니다." 김국장의 설명이다.

"우리가 병원의 주인이죠"

의료생협도 다른 생활협동조합과 조직방식이나 운영원리는 같다. 즉 출자와 이용, 운영의 주체가 모두 생협 조합원들이다. 일반적인 주식회사가 '1주1표제' 방식을 채택하여 이윤이 발생하면 주식에 따라 배당을 받는 반면, 생협은 '1인1표제' 방식으로 한 사람이 한 사람의 권한을 행사해, 자연스럽게 돈에 따른 사람의 '상하' 구분은 없어지게 된다. 즉 의료생협의 조합원이라면 의사든 환자든 병원의 운영에 동일한 발언권과 권리를 갖게 되는 것. 의사들의 반발은 없을까.

"물론, 돈을 잘 버는 다른 개인병원의 의사에 비교한다면 '희생'이라고 할 수 있겠죠. '돈'이라는 잣대론 물론 희생일 수 있지만 잣대를 달리한다면 절대로 희생이 아니라고 생각합니다. 의료인 스스로 양심에 부끄럽지 않게 나름의 '소명'에 충실한다면, 또 환자들에게 존경받으면서 의료를 할 수 있는 곳으로 의료생협 만한 곳은 없거든요." 역시 김국장의 설명이다.

민들레의료생협 노인건강모임 '하얀민들레'에 참가한 할머니 할아버지들이 치매예방 손동작을 하고 있다.
사진제공=민들레의료생협

　현재 의료생협이 만들어진 곳은 1994년 안성을 시작으로 안산, 인천, 서울, 원주 그리고 전북, 청주 등 더디지만 조금씩 늘어나고 있다. 대부분 농촌이나 공단, 지역운동에서부터 출발, 의료문제로 문제의식이 확장된 경우다. 그래서 의료생협이 또한 '운동'이기도 한 이유다.

　"사실 뜯어 놓고 보면 열악한 구조인 것이 사실입니다. 벌어들일 수 있는 수익이 동네의원과 차이가 없고, 또 진료도 '환자권리장전'에 입각해 이뤄지기 때문에 다른 개인병원처럼 하루 수십, 수백 명의 환자를 진료하는 것이 아니기 때문이죠. 게다가 노숙인이나 외국인노동자, 독거노인과 같은 소외계층을 지원하는 지역사회사업을 벌이기 때문에 밖에서 보면 '오지랖도 넓다'는 식의 소리를 들을 만도 합니다."

무엇보다도 가장 큰 문제는 '의사가 없다'는 것.

"만약 자기병원이라면 혼자 결정해서 할 수 있을 텐데 회의다 교육이다 일은 많은데 보수는 적은 편인데다가, 요즘엔 자본을 많이 들인 의료기관이 속속 들어서는데 주민이 사는 동네에 있는 병원 위치도 문제입니다."

그래서 조합원은 의료생협이 성공하기 위해선 없어서 안 될 소중한 '주인'들이다. 민들레의료생협의 조합원은 680여 명.

"수백만 원 내놓는 것보다 소중한 것은 내가 바로 이 병원의 주인이라는 생각을 가진 조합원의 참여지요. 내 병원을 갖는다는 것은 큰 의미가 있습니다. 물론, 소모임이나 건강교육, 임원으로서의 활동기회도 있지만 나와 우리지역, 더 나아가 사회가 건강해지기 위한 주인으로 참여할 수 있고, 또한 언제든지 자신의 건강을 상의할 수 있고, 관리할 수 있는 '주치의'를 둔다고나 할까요, 가족과 같은 인간관계를 갖는 것은 일반병원에서는 결코 기대할 수 없는 의료생협만의 장점이라고 생각합니다."

민들레의료생협이 위치한 지역은 중산층이 거주하는 아파트와 영구임대아파트 등 상대적으로 어려운 사람들이 많이 사는 곳의 경계지역이다. 의료생협을 처음 시작할 때는 중산층이 조합원으로 많이 가입하고, 진료혜택은 가난한 이들이 많이 볼 것이라는 예상을 했다. 막상 뚜껑을 열어보니, 물론 수십 년 지역운동에 관심을 가지며 곳곳에서 참여한 조합원도 있지만, 가장 많이 참여하고 또 열성적인 참여계층은 어려운 사람들이 많았다.

"어떻게 보면 돈 많은 사람에게는 의료생협이 필요 없을 수도 있겠죠. 좋은 조건에서 운동을 하고 보약도 먹을 수 있을 테니. 처음 내는 10만 원이 어쩌면 큰 부담일 수도 있는데 조합원 중 가장 많은 분들도 영구임대아파트에 사시는 분들이 많고, 그 분들이 또 가장 많은 이용계층인 동시에 운영주체입니다."

지난 몇 년간 김국장이 경험으로 터득한 '운동의 교훈'이다.

"내가 걸어 다니는 민들레다, 나를 사회에 환원시킨다는 생각으로 일하고 있어요. 돈만 봤다면 물론 할 수 없는 일이죠."

'민들레 돌보미'인 이씨의 말이다.

정용인 기자 inqbus@ngotimes.net

이웃의 발견

김 성 훈
대전 민들레의료생협 사무국장

〈대전 민들레의료생협〉은 작년 5월 '지역품앗이 한밭레츠' 회원 8명이 대전의료생협준비모임을 결성하면서 시작하였다. 지역품앗이 한밭레츠는 대전의제21추진협의회에서 시작된 단체로서 2000년 2월 창립하였다.

한밭레츠를 간단히 소개하자면 한국은행이 발행하는 원(₩)단위 화폐 대신 공동체 화폐 '두루'를 통하여 지역 주민들끼리 물품이나 서비스를 주고받으며 나눔과 보살핌의 생활방식을 실천하는 모임이다(tjlets.or.kr).

한밭레츠의 초기에 거래를 주도하였던 회원은 한의사였다. 한의원을 중심으로 '두루'의 소비가 급증했으며 이로 인해 마이너스 계정이 된 회원들은 적극적으로 '두루'를 벌기 위해 애썼고 결과적으로 거래가 활성화될 수 있었다.

레츠 시스템은 그 바탕이 상호 신뢰이며 이는 의사와 환자와의 관계에도 절실히 필요한 것이었다. 공동체 화폐 두루는 의사와 환자가 신뢰로 만날 수 있도록 했다.

지역통화운동에서 의료생협운동으로

한밭레츠가 창립한 2000년에 가장 뜨거웠던 한국사회의 의제는 의약분업 시행으로 떠오른 국민건강권의 문제였다. 정부와 의료계 사이에 극단적인 대결로 치달은 2000년 의약분업사태는 모두가 국민건강을 이야기 하면서도 정작 국민은 처음부터 철저히 소외시킨 채 진행되었다.

의료인들은 당시 자신의 직업과 관련 현안 의제였던 의약분업사태의 원인이 의사 한 사람의 선의로만 해결하기 어렵다는 것을 알고 있었고 주민들은 자신들을 도울 수 있는 의료인이 필요했다. 환자 대 의료인으로서의 관계를 넘어 삶의 공간에서 좋은 이웃이기를 바랐다.

"의료생활협동조합이란 지역 사람들이 각자의 건강, 의료, 생활과 관련된 문제를 이웃과 함께 해결하기 위하여 만든 모임으로서 협동조합의 원칙을 따르는 조직이다. 그러므로 의료생협은 의료기관을 포함한 건강과 관련된 시설을 설립하고 운영하며 그 기관에서 일하는 의료 전문가와 협력하여 건강과 관련된 문제를 해결하기 위하여 노력하는 주민자치조직이다." (1999, 이인동)

대전민들레의료생협은 이렇게 해서 시작하였고 이제 막 걸음마를 떼고 있다. 실제 진료권내 대다수의 주민들은 민들레의료생협을 주민자치 의료기관으로서 이해하고 있지 않으며, 설사 의료기관이라고 누군가에게 들을지라도 반신반의하는 정도이다.

진료를 본 환자들 가운데에는 민들레의료생협의 조합원이 되어달라 하면 "나보고 계속 병들고 아프란 말이냐"며 벌컥 화를 내기도 한다. 이처럼 대다수 진료권 주민들에게 있어서 민들레의료생협 역시 많고 많은 동네 병원 중의 하나일 뿐이어서 감기를 한방에 떨어뜨릴 수 있는지 여부가 관심사가 되기 쉽다. 항생제나 주사제 등의 처방률이 다른 의료기관에 비해 현격히 낮다는 것의 의의는 잘 드러나지 않고 있다.

한국사회 의료제도 특징은 민간의료기관이 전체 의료영역의 90%를 담당하고 있다는 것이다. 시장의 원리에 내맡겨진 의료는 하나의 상품으로 취급되며 이 의료상품은 당연하게 이윤추구의 대상이 된다.

누군가 말했듯이 병이 들면 아무리 빨라도 늦은 것임에도 불구하고 질병예방은 교과서에서만 짧게 논의될 뿐 현실에선 우선순위에서 배제된다.

더 많은 환자가 더 많은 부를 창출하는 의료시스템에서 사람들은 건강을 스스로 돌보는 법, 이웃과 함께 해결하는 법, 자연스럽게 생로병사를 맞이하는 지혜를 배우기 어렵다. 이렇게 건강에 대한 인식은 공공성과 사회성을 획득하지 못하고 철저히 개인의 책임과 부담으로 떠넘겨졌다.

건강은 공공성의 문제

집집마다 정수기를 들여놓는 비용을 합하면 낡은 수도관을 교체하고 정수장 시설과 관리를 개선하여 안심하고 먹을 수 있는 수돗물을 만들 수 있다는 것을 알면서도 그렇게 하지 않는 것처럼, 세계 최고 수준의 제왕절개분만율, 세계 최고 수준의 CT · MRT보급률, 세계 최고 수준의 약품 사용량을 보이면서도 실제 시민들은 결핵이나 간염에 시달리고 있다.

우리의 삶은 무수한 관계의 결과이다. 따라서 건강한 삶이란 관계의 개선을 통해서 가능해진다. 민들레의료생협이 건강한 마을을 만들고자 할 때 가장 중요하게 여기는 관계는 이웃이다.

이웃이 경쟁과 다툼의 대상이기만 할 때 백약이 무효이다. 잃어버린 이웃을 되찾아 가는 길, 힘든 짐을 나누어 경쾌하게 더불어 나아가는 삶은 그 과정이 이미 결과이다.

⌣ **대전 민들레의료생활협동조합 찾기**

대전시 대덕구 법 1 동 282-7

Tel. 042)638-9042, http://www.mindlle.org

⌣ **전국의 의료생협들**

의료생협연대 http://medcoop.or.kr

서울의료생협 _ 영등포구 대림동 969-10 동화빌딩 1 층
Tel. 02)848-2150, http://medcoop.urm.or.kr

인천평화의료생협 _ 인천시 부평구 부개 1 동 327-11
Tel. 032)524-6911, http://medcoop.or.kr/inchon

안산의료생협 _ 안산시 상록구 월피동 445-18 로얄프라자 304 호
Tel. 031)401-2208, http://medcoop.or.kr/ansan

안성의료생협 _ 경기도 안성시 인지동 414-5
Tel. 031)672-6121, http://medcoop.or.kr/ansung

원주의료생협 _ 강원도 원주시 중앙동 122 번지(밝음 신협 3 층)
Tel. 033)744-7572, 7573, http://medcoop.or.kr/wonju

전주의료생협 _ 전북 전주시 평화동 1 가 710-4 세영빌딩 4 층
Tel. 063)221-0525, http://medcoop.or.kr/jeonju

청주의료생협(준) _
Tel. 043)223-3395, http://medcoop.or.kr/cheong

성미산 차병원

"**따**르릉 따르릉~ 감사합니다. 차병원입니다."

차병원? 병원장 성이 '차'씨인가 생각했다면 틀렸다.

차병원은 주치의처럼 고객의 자동차를 정기적으로 점검해주고 한 대 한 대마다 이력관리를 통해 적기에 서비스를 받을 수 있도록 알려준다는 의미에서 붙여진 이름이다. 쉽게 말해 카센터인데 〈성미산 차병원〉의 특징은 조합원 스스로 만들어 이용하고 직접 운영하는 생활협동조합이라는 데 있다.

정비가격을 정찰제로 공개하고 부품은 순정품만을 사용하는 등 운영이 투명해 지역민들의 신뢰를 받고 있는 성미산 차병원은 출자금을 낸 210명의 조합원에게는 가격 혜택뿐만 아니라 병원 주치의와 같이 차량을 체계적으로 관리해준다.

내 차는 주치의한테 맡겨요

일정 기간이 되면 엔진오일을 교환해야 한다는 알람서비스를 전화나 휴대폰 문자로 넣어주고, 견적서비스, 인터넷 홈페이지 (sungmicha.com)를 통해 자기 차의 정비이력을 검색할 수 있다.

서울 마포구 망원동에 있는 성미산 차병원은 주치의처럼 조합원의 차를 관리해준다.
양계탁 기자 gaetak@ngotimes.net

사고 발생시엔 개인적으로 골치 아픈 뒤처리를 전화 한 통화로 견인과 보험사 연락, 수리까지 일괄 처리해준다. 지방에서도 차량에 문제가 생겼을 때 전화하면 상태를 들어보고 '뭐가 고장 난 것 같다', '그 부품은 얼마고 대충 가격이 이 정도 나올 것이다' 등을 조언해 바가지를 쓰는 일이 없도록 도와준다. 진상돈 성미산 차병원 상무이사(42세)는 "알고 바가지 쓰는 것과 모르고 바가지 쓰는 것은 차이가 크다"고 말했다.

또 성미산 차병원은 계절별 차량관리 요령, 브레이크·타이어의 점검요령, 간단한 응급조치 방법, 손쉬운 자가정비기술 등 차량관리에 대한 다양한 정보도 조합원들에게 정기적으로 제공하고 있다. 마포지역의 생활협동조합으로 출발했지만 수도권 거주자라면 차량 1대당 1계좌(10만원)의 출자금을 내고 조합원으로 가입할 수 있다. 출자금은 조합을 탈퇴할 때 되돌려 받는다.

기존의 카센터들이 고치지 않아도 될 부분을 고쳐 돈을 더 받거나, 고치지도 않고서 고쳤다고 하는 등 바가지요금을 씌우는 일이 잦다는 것은 익히 알려진 사실이다. 진상돈 이사는 "차에 대해 모르니까 당하는 것"이라며 "기본적인 지식이나 정비기술 등을 가르쳐 주다 보니 아줌마들의 호응도 높다"고 말했다. "카센터라면 들어가기 꺼려하고 어려워 하지만 차병원은 누구나 편안하게 들어와 이야기해요."

"안심하고 맡기세요."

1인 10만 원 출자하는 생협 방식 카센터

취재도중 전화벨이 울렸다. "글쎄요. 저희가 가면 출장비를 받고요. 보험을 부르면 무료거든요. 10 킬로미터까지 무상견인이 되니까 우선 보험을 부르세요. 시동이 걸리면 이쪽으로 끌고 오세요. 그렇게 처리하시는 게 좋습니다." 진상돈 이사의 통화내용을 들으면서 '이래서 장사가 될까' 걱정될 정도였다. 그는 웃으며 "어떤 보험견인기사들은 리베이트를 받아 챙기는 데로 차를 끌고 가 덤터기를 씌우는 경우가 있다. 그러나 조치내용을 알면 내가 요구하는 대로 끌고 갈 수도 있고 부당하게 바가지를 쓰는 일이 거의 없다"고 설명했다.

그는 원래 차 정비 일을 한 것은 아니었다. 전자회사를 다니던 그는 아이들을 조합형 어린이집에 보내고 성미산 지키기 싸움을 하는 도중 조합형 카센터 얘기가 나오자 원래 차에 관심이 많던 차에 이 일을 하기로 맘을 정했다고 한다. "운전자들이 자동차는 굴러가면 됐다는 식의 생각을 하는데 그게 아닙니다. 조금만 예방

점검하면 더 오래 쓸 수 있는 게 많아요. 믿을 수 있는 한 곳을 정해서 다니면 그래서 이로운 거죠."

일반적으로 카센터는 50퍼센트 이윤을 남기지만 성미산 차병원은 20~30퍼센트 이윤을 남긴다. 마진은 적고 부품은 순정품에, 바가지가 없다 보니 차병원이 적자인 것은 어쩌면 당연한 결과다. "마진폭을 늘려 잡는 것은 결국 조합원들의 부담으로 돌아가잖아요. 우리가 시도하는 건 단순히 이익을 남기려는 게 아니라 이익과 더불어 조합원들도 득이 될 수 있는 윈윈전략입니다." 그는 조합원이 300명이 되면 손익분기점을 넘어서고 500명이 되면 안정화될 것으로 전망했다. 현재 성미산 차병원은 일반인 고객도 절반 정도 된다.

차량 주치의 성미산 차병원이 탄생하게 된 배경은 1994년으로 거슬러 올라간다. 서울 마포지역에서는 엄마들이 육아에 대한 고민을 하다가 1994년 우리나라 최초의 공동육아협동조합인 '우리 어린이집'을 만든다. 이어 두 번째로 '날으는 어린이집'이 생겨났다. 협동조합 방식의 이들 어린이집에 애들을 보내는 지역 주민들이 늘어 나기 시작했고 시간이 흘러 애들이 초등학생이 되자 자연스럽게 '방과후 교실'이 만들어졌다. 애들을 키우는 문제가 확보되다 보니 고민은 먹을거리로 옮겨 갔고 2001년 〈마포두레생협〉이 문을 연다.

2002년부터는 마포의 유일한 야산인 성미산에 아파트를 지으려는 움직임이 보이면서 2003년 1월 지역민들이 환경적 측면과 아이들의 교육적 공간의 중요성을 외치며 성미산 지키기 싸움에 돌입한다. 시공사 측이 2천 평에 이르는 나무를 기습벌목한 데 항의하며 천막농성을 시작한 이들은 낮에는 엄마와 아이들이 지키고

밤에는 아빠들이 퇴근해 농성장을 지키는 방식으로 성미산 지키기 싸움을 이어 나갔다. 그러다 밤에 아빠들끼리 우연히 차 얘기를 하게 됐는데 '안심하고 맡길 카센터가 없다'는 의견이 쏟아졌다. 논의는 '직접 만드는 건 어떠냐'는 쪽으로 모아졌고 2003년 5월 준비위원회가 구성됐다.

2003년 11월 1일 창립총회를 갖고 정식오픈한 성미산 차병원은 초기 80명의 조합원으로 출발했으나 현재는 210명으로 늘어났다. 그간 지역에서는 유기농 반찬가게 〈동네부엌〉과 대안학교인 〈성미산학교〉가 생겨났고 조합방식의 공동체를 아우를 수 있는 시민단체로 〈참여와 자치를 위한 마포연대〉도 만들어졌다.

지역사회 모델로 벤치마킹 붐

성미산 차병원은 1994년부터 시작된 공동체운동의 노하우가 10년 가까이 축적되면서 만들어질 수 있었던 것이다. 특히 차병원의 출범은 엄마들을 중심으로 진행해 온 지역공동체 흐름에 아빠들의 역할을 높여내기 위한 고민도 있었다. 차병원의 신선한 실험은 최근 타 지역에서 벤치마킹 움직임도 일고 있다. 일산, 대구, 과천, 안양 등지에서 성미산 차병원의 운영에 대한 문의가 줄을 잇고 있는 것. 취재를 마치고 나오는데 한 지역주민이 차병원에 차를 끌고 들어섰다. 한참 설명을 듣고 난 뒤 "아 그렇구나. 뭘 알아야지" 하며 즐겁게 돌아가는 그의 모습에서 차병원에 대한 지역민들의 깊은 신뢰가 느껴졌다.

조은성 기자 missing@ngotimes.net

이제 바가지 걱정 끝!

진 상 돈
성미산 차병원 상무이사

성미산 차병원 생활협동조합(이하 성미산 차병원)은 그동안 성미산을 지키는 데 앞장서 온 주민들이 중심이 되어 설립한 국내 최초의 조합형 자동차정비업소다. 지난 2003년 11월 1일 창립총회를 갖고 서울시 마포구 망원동에 문을 연 성미산 차병원은 창립 시 80명의 조합원으로 시작했고 현재 조합원은 210명이며, 자본금 1억2천만 원에 1명의 정비기술자를 고용하고 있다.

최초 조합형 자동차정비업소

성미산 차병원은 조합원이 만들고 조합원이 직접 운영하기 때문에 가장 신뢰할 수 있다. 순정부품을 사용하는 것을 원칙으로 하며, 가격 정찰제를 통해 투명하고 책임 있는 서비스를 제공한다. 이제 더 이상 터무니없는 바가지요금이란 있을 수 없다. 그리고 불필요한 정비도 사라진다.

성미산 차병원은 자기 차에 대해 누구보다 자신이 가장 잘 알게 하고 간단한 경정비는 스스로 할 수 있게 도와준다. 철저한 정비

이력관리와 경비알람시스템을 통해 언제 어디서나 자기 차의 상태를 알게 해주고, 예방정비와 정기적인 경정비 교육을 통해 자가 정비 능력도 길러 준다. 또 성미산 차병원은 지역의 건강한 자동차문화를 가꾸는 일에도 앞장선다. 자동차 오래 타기, 녹색자동차문화캠페인을 정기적으로 펼치고, 지역의 장애인, 노약자와 함께 하는 즐거운 자동차여행 등 다양한 지역 행사를 통해 자동차를 매개로 한 건강한 지역커뮤니티를 만들어 가고 있다.

성미산 차병원 수익금의 10퍼센트는 지역 발전을 위한 사업에 쓰인다. 창립총회에서 결의한 지역발전 지원계획에 따라 개업 후 발생하는 수익금에서 10퍼센트가 매년 지역의 복지, 문화, 교육, 환경 등의 영역에서 살기 좋은 지역공동체를 만드는 일에 쓰이는 것이다.

그럼에도 고민되는 부분이 몇 가지 있다. 우선 아직 차병원만의 고유한 정비시스템이 정착되지 못했다. 일반 카센터와 비교하여 현재 가격에 대한 신뢰 외에 정비 기술이나 차별화된 시스템 등 차병원만의 고유한 서비스 유형을 아직 정착시키지 못하고 있다. 정비이력관리, 알람시스템, 사후점검서비스, 접객서비스 등에 관한 실행 매뉴얼을 마련해 성실하게 실행해야 한다.

둘째는 일상적인 조합원 관리 활동이 미흡하다는 점이다. 차병원은 업종의 특성상 조합원과 일상적으로 만나는 기회가 많지 않다. 즉, 기다리고만 있으면 3개월, 길게는 6개월에 한 번 만나게 된다. 따라서 홈페이지 활성화, 전화접촉 확대, 문자 메시지 등 조합원들과 일상적으로 만나는 프로그램을 활발하게 전개하는 한편 스팀세차, 액세서리 판매 등 새로운 서비스 상품을 적극 개발해야 한다.

조합원 500명 목표

마지막으로 마케팅 활동이 적극적이지 못하다. 조합원과 고객을 늘리기 위한 적극적인 활동이 초기에 더욱 필요했던데도 기존 지역 내 조합에 의존해 안주하려는 경향이 강했던 것 같다. 따라서 적극적인 마케팅 활동을 펼치기 보다는 기다리는 서비스의 한계에 머물러 있다. 지역의 예비 조합원, 예비 고객과 만날 수 있는 다양한 홍보와 정기적인 서비스 프로그램을 실천하고, '찾아가는 서비스' 대상을 더욱 늘리기 위해 노력해야 한다.

국내 최초의 조합 방식의 자동차 정비 업소인 성미산 차병원에 대한 인식이 최근 자리를 잡아가고 있다. 여러 경로를 통한 홍보와 서비스로 인해 지역 주민에 대한 인지도가 상당 부분 확보돼 가고 있고, 필요한 경우 조합가입 유무를 떠나 차병원에 정비문의를 하고 있다. 조합원 가입이 꾸준히 늘고 있으며 기존 지역의 조합원들이 아닌 일반 주민들의 조합참여가 늘고 있다. 한두 번 이용 후 조합방식에 대한 이해와 서비스 만족 등 기존 카센터와의 차별화된 모습들을 보면서 월 평균 10여 명의 조합원들이 가입하고 있다. 앞으로 조합원이 500명이 되는 그날을 기대해본다.

♣ **성미산 차병원 찾기**

서울시 마포구 망원 1 동 397-17

Tel. 02)3142-5052, http://www.sungmicha.com

성미산 차병원 생활협동조합에 가입하려면?

차량 소유 수도권 거주자로, 한 대당 1계좌(10만원) 이상의 출자금을 내면 됩니다.

(출자금은 조합 탈퇴시 돌려 받습니다)

입금계좌 _ 국민 032901-04-019231 예금주 김성섭

☺ 〈참여와 자치를 위한 마포연대〉와 소속단체 찾기

마포연대 http://www.maponet.org

마포두레생활협동조합 _ 서울시 마포구 성산동 254-44
Tel. 02)3141-0505, http://mapocoop.org

동네부엌 _ 서울시 마포구 성산동 293-12
Tel. 02) 325-3700, http://www.mapocoop.org/dongne.htm

성미산학교 _ 서울시 마포구 성산동 294-6 2 층
Tel. 02)3141-0507, http://daean.cyworld.com

우리어린이집 _ 서울 마포구 성산 1 동 249-6
Tel. 02)324-0933, http://www.scwoori.or.kr

날으는 어린이집 _ 서울시 마포구 망월동 399-9
Tel. 02)323-4796, http://home.freechal.com/hover

참나무 어린이집 _ 서울시 마포구 성산동 23-11 Tel. 02)3141-4271

풀잎새 방과후 교실 _ 서울시 마포구 서교동 348-15 Tel. 02)323-0729

도토리 방과후 어린이집 _ 서울시 마포구 성산 1 동 213-4
Tel. 02)334-2346, http://www.dotori.wo.to

☺ 여러 생활협동조합의 정보 찾기

생활협동조합전국연합회 _ http://www.co-op.or.kr

일산 야호 어린이집

일산 야호 어린이집은 의외로 한적한 곳에 있었다. 30분에서 45분마다 한 대씩 다니는 시외버스를 타고 내린 곳은 정류장 표시도 없었다. 구불구불한 시멘트 포장길로 들어서니 탁 트인 들판이 나온다. 경치구경을 하며 느릿하게 걸어가니 어디선가 들려오는 아이들의 재잘거리는 소리. 야호어린이집이었다. 오전에 나들이를 다녀온 아이들이 점심 먹고 한 시간 동안 가진 자유시간이 끝나가는 때였다.

내년 초등학교 입학을 앞둔 일곱 살 아이들은 형·누나 노릇을 하는지 낮잠시간 뒤의 간식을 만들고 있었고, 5~6세 방 아이들은 이불을 깔고 턱을 괴고 누워 선생님이 들려주는 동화 삼매경에 빠져 있었다. 나이가 어린 아이들 방일수록 고요하다.

"자유시간엔 공차기도 하고, 소꿉놀이나 미끄럼틀을 탄다든가 방에서 블록을 쌓는 식으로 각각 놀아요. 보통 오후 두 시면 방으로 들어가 낮잠을 잘 준비를 하는데, 방에 따라 교사들이 동화를 읽어주기도 하고, 요가를 하는 방도 있어요." 대표교사 최은옥 씨 (여, 45세)의 설명이다. 간식은 보통 제철에 나는 음식을 먹는데,

밤이나 고구마, 옥수수, 감자, 호박죽 같은 것을 먹기도 하고, 아이들이 좋아하는 떡볶이나 생협을 통해 구입한 우리밀로 만든 피자를 먹기도 한다. 오늘 준비하고 있는 간식은 찐만두.

벽을 둘러보니 아마도 올 여름에 찍은 듯한 사진들이 눈에 띈다. 사진 밑엔 '그림을 그리는 주광휘', '방물관', '집 드러오는 주광휘'… 철자법이 틀린 것으로 보아 아마도 주광휘라는 친구를 주인공으로 누군가 또래가 쓴 설명이다. '래푸팅', '물노리', '토마토 따요'…. "아이들이 쓴 게 맞아요. 지난 9월에 한 어린이집 교사 고향으로 놀러 간 들살이캠프에서 찍은 사진에 아이들이 쓴 겁니다."

조기교육 아닌 '느림'의 철학

야호 어린이집에선 따로 '가나다라'를 가르치지 않는다. 한글은 어떻게 깨우쳤을까. "책을 읽어주니까 아이들이 스스로 깨우치는 것 같아요. 그래서 소리 나는 대로 쓰다 보니 철자가 틀릴 때도 있죠." 조기교육을 강조하는 요즘 세태와는 거꾸로 가는 교육방침이라는 말이다. 걱정하는 부모들도 있을 성 싶다. "공동육아를 택한 부모들은 사실 그런 생각을 이미 떨친 분들이 많아요. 나무와 흙과 어울려 노는 것이 나이에 맞는 바람직한 교육이라고 생각하는 거죠. 만약 아이들이 정말 어떤 분야에 재능이 있다면, 교사들과 상의해서 사교육을 시킬 수도 있다고 생각하지만 아직까지 사교육을 지향하는 부모는 없습니다." 역시 최교사의 말이다. 그는 "대부분 부모들이 사실 어렸을 때 공부를 잘했지만 '공부 잘해봤자 아무소용 없더라, 역시 노는 게 최고'라는 생각을 갖고 있는 분들이 많다"고 웃으며 귀띔한다.

놀기만 한다고 아이들이 부잡스럽다든가 산만한 것은 아니다.

야호어린이집의 교사와 아이들이 오후에 먹을 간식을 만들고 있다.
정용인 기자 inqbus@ngotimes.net

"예를 들어 아이들이 극장을 가거나 공공장소에 가면 오히려 질서를 더 잘 지켜요. 나들이를 가도 줄서서 다니는 것을 특별히 가르쳐 주는 것도 아닌데 살면서 익히는 것 같습니다. 자유로움 속에서 익힌 질서가 빛을 발한다고나 할까요." 초등학교 진학 후에도 조기교육을 안 시켰기 때문에 특별히 성적이 떨어지거나 따돌림을 당하는 아이는 없었다고 그는 덧붙인다.

야호 어린이집엔 TV가 없다. 아이들은 부모들이 어렸을 때 그랬던 것처럼 동화책을 읽거나 흙놀이를 하면서 논다. 주로 오전에는 인근의 정발산이나 고봉산, 호수공원 같은 곳으로 '나들이'를 간다. 비가 와도 아이들이 나가자고 하면 비옷을 입고 나간다.

그렇다고 아주 특별한 프로그램이 있는 것은 아니다. 아이들을 삼삼오오 짝을 지어 개미를 보거나 나뭇잎도 따고, 술래잡기를 하기도 한다. 주로 오전에는 동적인 활동을 하고 오후에는 표현이나 언어, 미술 즉, 점토나 그림을 그리거나 동화책을 읽는 식으로 정적인 활동을 한다. 아침 8시에 온 아이들은 보통 오후 6시부터 하나둘씩 돌아가기 시작해 7시에 문을 닫는다. 만약, 특별한 사정으로 더 늦게까지 있어야 하는 아이들은 다른 친구 집에 '마실'을 가는 식으로 서로 협력한다. 단점이라면 어린이집 아이들끼리는 서로 깊이 사귀지만, 막상 동네친구를 사귈 기회가 별로 없다는 점. 그래서 엄마들이 일부러 주말에는 아이 손을 잡고 동네놀이터로 나가기도 한다.

또 하나, 다른 보육시설에서 볼 수 없는 사람이 있다. 아빠·엄마를 줄여 '아마'라고 부르는 부모들의 1일 교사활동이 그것. 이날도 이근우 씨(한의사, 37세)가 병원 문을 하루 닫고 교사로 참여하고 있었다. 이씨는 "처음엔 익숙하지 않았지만, 그날 쉬는 교사들이 아이들이 나들이 갈 때나 밥 먹을 때, 낮잠 잘 때 해야 할 일을 미리 적어줘서 몇 번하다 보면 익숙해진다"며 "아마를 하지 않을 때는 아이들이 집에 와서 말하는 아이 친구들 얼굴을 알 수 없었는데, 이젠 애들 이름도 외우고 누구누구 아빠라는 것도 아이들이 알게 되니 좋은 것 같다"고 말한다.

사교육비 지출보다 공동육아를

야호어린이집은 이번 달로 개원 7년을 맞는다. 처음 시작은 본격적으로 부모가 된 386세대를 중심으로 육아운동 차원에서 시작했다. 처음엔 교사들도 운동성이나 헌신성이 강했지만 어느 정도 세월이 지나면서 부모들이나 교사들의 의식도 많이 바뀌었다. 공동육아·공동체 교육을 하면서 가장 맞닥뜨리는 문제는 아직도 높을 수밖에 없는 '문턱' 문제. 야호어린이집의 경우 처음 아이가 들어올 때 내는 출자금은 1명당 400여만 원선. 한달 보육료도 40~45만 원으로 일반

보육시설에 비해 비싼 편이다. 그럼에도 불구하고 결산을 해보면 적자가 나는 경우도 다반사. 외부의 지원이나 보조 없이 공동육아를 꾸리다보니 부딪히는 문제다. "우리 내부에서도 우리만 애를 잘 키우자는 것이 아니기 때문에 출자금을 못 내도 원하는 사람은 받아줘야 한다는 논의가 있어요. 또 보통 출자금은 아이가 졸업하고 나면 돌려주는데 그중 10퍼센트를 기부하는 방법으로 문턱을 낮추려는 고민을 지속적으로 하고 있습니다." 최교사의 말이다. 이씨도 "보통 어린이집에 비해서 생각한다면 비싸다고 볼 수 있지만 다른 사교육에 지출하는 비용 대신이라고 생각하면 그리 비싼 것은 아니"라고 말한다. 전국적으로 58개에 이르는 공동육아 · 공동체교육이 모두 비슷한 고민을 하고 있다. 하지만 조금씩 변화도 있다. 보육정책이 여성부 담당이 되면서 그간 '교육계의 이단아'쯤으로 인식되던 공동육아철학 · 공동체교육이 보육의 한 형태로 인정받기 시작한 것. 지원과 동시에 '간섭'도 있겠지만, 공동육아가 정부나 자치단체의 지원을 받게 되면 문턱도 낮아질 수 있을 것이라는 조심스런 전망이다.

아래층을 시작으로 조금씩 소란스러워지기 시작했다. 낮잠시간이 끝나고 간식시간이 다가왔기 때문. 간식 준비에 여념 없는 심주영 교사(여, 28세)에게 공동육아교사로서 언제 보람을 느끼는지 물어봤다. 그는 둥글둥글한 외모 때문인지 아이들에게 너구리라는 별명으로 불리고 있었다. "간혹 애들과 싸울 때도 있어요. 아이들이 삐쳐서 나갔다가도 어디 가서 넘어지면 다시 저를 찾아옵니다. '아, 내가 아이들에게 필요한 사람이구나'라고 느낄 때죠."

정용인 기자 inqbus@ngotimes.net

공동육아 10년, 성과와 한계들

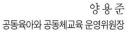

양 용 준
공동육아와 공동체교육 운영위원장

1994년 서울 신촌의 〈우리어린이집〉으로 시작된 공동육아는 올해로 만 10년을 맞게 되었다. 지금은 전국에 80개(어린이집 58개, 방과후 교실 22개)의 터전이 공동육아의 이름으로 운영되고 있다. 전체 보육시설에 비하면 1퍼센트도 안 되는 미미한 숫자이지만 그 확산의 속도를 보면 괄목할 만하다. 더구나 보육계에서도 공동육아라고 하는 보육의 형태가 하나의 대안으로 자리를 잡아가고 있는 것은 큰 성과가 아닐 수 없다. 지난 10월 8 · 9일에는 공동육아 10년을 기념하는 국제 학술심포지엄이 '참여보육과 생태적 성장'이라는 주제로 성황리에 개최되었고 이 자리에서는 공동육아의 10년을 학술적인 의미뿐 아니라 현장에서의 성과까지 정리해보았다.

공동육아는 극도로 양면적인 평가를 받고 있다고 해도 과언이 아니다. "부모참여와 전인교육을 통해 영리와 인지교육으로 얼룩진 사설보육시설의 그늘을 극복할 수 있는 대안"이라는 평가와 "돈 있는 중산층, 그들만의 공동체에서 적은 숫자의 아이, 유기농 먹을거리가 있는 사치스러운 육아형태"라는 평가가 엇갈리고 있다. 양쪽 다 결코 틀린 이야기는 아닐 수 있다. 공동육아의 평가를 한 마디로 하자면 육아의 대안으로 자리 잡기는 하였으나 고비용의 한계를 벗어나지는 못했다는 것이 정확한 평가이기도 하기 때문이다. 그러나 이런 평가들은 현상으로만 이야기한 것이고 내용을 보자면 결코 그렇지가 않다.

중산층의 자족적 육아공동체?

먼저 공동육아의 특징을 몇 가지로 요약하여 설명을 하고자 한다. 크게 운영의 형태와 교육내용으로 나누어 살펴 볼 수가 있다. 운영은 익히 알려진 바대로 부모의 자발적인 참여로 이루어진다. 운영 이전의 설립에서부터 부모들의 조합설립, 출자 등으로 이루어지고 어린이집의 모든 재정과 운영도 부모들의 몫이다. 이 점은 경영의 투명성을 담보할 수 있는 근거가 될 뿐 아니라 부모들이 스스로 변화할 수 있는 조직적 토대가 되고 있다. 공동육아의 교육내용은 자연친화와 공동체적 가치를 기본으로 하고 있으며 주입식 인지교육을 지양하고 놀이중심의 깨우침, 나들이를 통한 체험, 통합교육, 관계 중심의 생활 등을 주요내용으로 하고 있다. 뿐만 아니라 부모와 교사가 날적이(아이의 생활을 편지로 써서 주고받는 일기장 형식의 공책), 방모임(교사, 부모의 통합 회의) 등을 통해 일상적인 의사소통 통로를 갖추고 있으며 부모의 아마 활동 (일일교사 활동) 등을 정기적으로 열어 부모 교사가 함께 키우는 모델을 이루어 내고 있다.

기존 보육방식의 틀을 깨고 이루어진 공동육아 10년의 실험은 다음과 같은 성과를 남겼다. 첫째, 경쟁에서 이기는 아이로 키워야 한다는 기존 육아관을 깨고 자연과 사람들과의 조화로운 삶을 아이들이 영위할 수 있도록 해야 한다는 육아관이 확립되었다는 점이다, 둘째, 정부, 사설 시설만이 보육의 주체가 아니라 부모도 보육의 주체가 된다는 사실을 실천으로 보여 주었다는 점이며 셋째, 보육의 주체로서 공동육아교사 집단이 건강한 보육교사의 문화를 형성해 나가고 있다는 점이다. 넷째, 법인을 중심으로 공동육아의 회원이 힘을 합하여 보육정책 문제, 저소득층 육아문제 등 사회의 공공성에 대하여 실천을 조직화하고 있다는 점이며 다섯째, 공동육아 출신 부모, 교사들이 아이들의 성장과 더불어 대안교육의 주체로써 올바른 교육문화에 기여하고 있을 뿐 아니라 생활공동체의 실천 등 건강한 사회참여에 이바지하고 있다는 점이다. 끝으로 공동육아는 아빠들의 육아참여를 이끌어 내어 양성평등을 실천하는 문화를 만들었다는 점도 들 수 있다.

그렇다면 이러한 성과에 반해 공동육아가 갖고 있는 한계는 어떤 것일까? 그 핵심은 문턱이 높다는 것이다. 공동육아 교육의 내용을 효과적으로 실현하기 위해서는 기존의 보육시설에 비해서 더 많은 교사의 숫자를 필요로 하여 교사 인건비의 부담이 크다. 나들이가 일상화되어 있고 자유로운 활동을 기조로 하고 있기 때문에 이는 불가피하다. 뿐만 아니라 터전 마련을 위해서 내어야 하는 출자금의 경우도 전세금만 1~2억을 하는 수도권에서는 큰 부담이 아닐 수 없다. 즉, 공동육아는 고비용이라는 부담을 전제로 하고 있는 것이다. 또 부모들의 참여가 전제되어야 하는데 맞벌이 부모들의 바쁜 일상을 감안하면 아무나 참여하기가 힘든 구조이기도 하다.

이상의 요인으로 공동육아는 부모가 시간과 돈을 가지지 않으면 안 된다는 한계를 갖고 있다. "중산층의 자족적 공동체"라는 비판적 시각이 이런 이유에서 비롯되는 것이다. 그렇다면 이 문제는 어떻게 해결되어야 하는가? 사실 한국 보육시설의 교사 대 아동비율은 매우 후진적이다. 그만큼 정부의 지원이 부족하다는 이야기이기도 하다. 공동육아 모델이 교사 대 아동수 비율에 있어서 호사스럽다고 보는 시각도 있으나 공동육아가 호사스럽다기보다 기존 보육시설이 왜곡되어 있다는 사실을 밝혀 두고 싶다. 실상 공동육아는 올바른 보육모델을 만들어 놓고도 정부와 사회가 책임져야 할 부분을 지원 받지 못하여 부모는 고비용으로 교사는 저임금으로 이를 부담해 나가고 있는 것이다.

공동육아, 모두의 것이 되길

이상의 성과와 한계를 지닌 공동육아는 앞으로 어떤 모습으로 변화해 나갈까? 여러 가지 변수가 있기는 하지만 최근의 정책변화는 공동육아의 앞날을 밝게 하고 있다. 저출산시대의 육아문제는 국가 경쟁력에 있어서 핵심과제임을 인식하기 시작하였고 보육정책이 여성부로 이관되면서 부모참여 보육시설이 하나의 보육시설로 인가를 받게 되고, 이제 공동육아는 정부로부터도 보육형태의 실체로 인정을 받게 된 것이다. 그러나 아직 지원에 대한 구체적인 내용이 가시화되지는 않았으며 이는 공동육아의 또 하나의 과제로 남아 있다. 지금까지의 과정이 실체의 인정을 위한 노력의 과정이었다면 이제는 지원을 현실화하여 공동육아의 문턱을 낮추고 나아가 공동육아 모델이 일부 중산층의 전유물이 아니라 보편적 모델로 누구나 자유의지에 따라 선택할 수 있도록 노력해야 할 때이다. 자칫 모든 문제의 관건이 정부의 손에 달린 것으로 보이나 더 중요한 것은 공동육아 주체들이 성실하게 육아운동을 실천

해내고 공동육아 모델의 정당성을 대외적으로 잘 설명해내는 과정이 선결되어야 할 것이다. 이런 노력들이 모여서 공동육아가 보편화되는 미래, 아이와 어른이 함께 성장하는 사회가 되기를 기대한다.

☺ 일산 야호 어린이집 찾기

경기도 고양시 일산구 성석동 564 번지

Tel. 031)977-4788, http://yahoooo.gongdong.or.kr/

☺ 전국의 공동육아와 방과후 교실 연락처 찾기

공동육아와 공동체교육 http://www.gongdong.or.kr

의정부 꿈틀자유학교

수학 문제를 풀지 못한 학생이 어렵다며 선생님에게 반말로 투정부린다.

"되게 어려운 문제 많이 냈어."

"뭐가 어려워, 7에서 3을 빼면 몇 개지? 자릿수를 맞춰서 계산하면 돼. 앞에는 잘했네."

선생님은 그 투정에 응수하며 학생의 머리를 쓰다듬고 찬찬히 설명을 한다. 학생의 반말에 당황하거나 기분 나쁜 기색은 찾아볼 수 없다. 꿈틀자유학교의 수업풍경이다.

공동체적 삶을 꿈꾸던 의정부 지역 학부모들이 뜻을 모아 방과 후 학교를 운영하다가 공교육이라는 틀 밖에서 아이들을 교육할 방안을 모색한 끝에 탄생한 꿈틀자유학교는 지난 2003년 3월 문을 열었다. 학생 4명과 교사 2명으로 시작한 꿈틀자유학교, 그 첫 모습은 어땠을까.

"처음 학교에 온 날 아이들이 '안녕'하고 인사를 하는 거예요. 선생님한테 반말이라니, 깜짝 놀랐죠. 그래서 어른한테는 안녕이 아니라 '안녕하세요.' 하고 인사해야 한다고 가르쳤더니 아이들이 왜

그래야 되냐고 되묻더
라고요. 그러면서 반
말을 해도 서로 좋아할
수 있고, 우린 친구가
될 수 있다는 거예요.
신선한 충격이었죠."

아이들에게 '꽃빛'이
라고 불리는 교사 안지
혜 씨의 말이다.

한 인격체가 가진 꿈
과 개성을 억압하는 세
상의 소리에 얽매이지
않고 끊임없이 꿈틀댈
수 있도록 하기 위해,
아이들이 자유롭게 꿈
을 키워갈 수 있는 요

꿈틀대안학교 아이들이 선생님과 함께 '생명살리기 주사위 놀이'에 한창이다. 양계탁 기자 gaetak@ngotimes.net

람이 되기 위해 붙인 꿈틀이라는 학교 이름처럼 자라고 있는 아이들의 모습을 엿볼 수 있는 순간이었다고.

상대방 이해하는 법 익히는 '낮춤말 문화'

아이들이 교사나 부모와 격의 없이 반말로 대화를 주고받는 모습을 본 많은 어른들이 '버릇이 없어지면 어쩌냐'며 걱정의 말을 건넨다고 한다.

안교사는 그렇지 않다고 말한다. 교사들이 밖에서 만난 어른들에게 높임말을 해야 한다고 교육하기 때문이기도 하지만, 어른에게 존댓말을 해야 하는 사회적 관습을 아이들 스스로 존중하기 때문이다. 실제로 이 날 꿈틀자유학교에서 만난 아이들은 함께 밥을 먹자며 스스럼없이 손을 잡아끌면서도 "기자 언니, 오늘 우리학교 왜 온 거예요?"라며 높임말을 잊지 않았다.

부모와 교사가 이들을 동등한 인격체로 대하기 위해 서로에게 낮춤말을 사용하는 문화 속에서 타인의 상황과 마음을 이해하고 배려하는 법을 배운 아이들의 모습은 꿈틀자유학교만의 자랑거리다.

"어제 오후는 특별교과 수업을 진행했어야 하는데 못했어요. 점심시간에 밖으로 놀러 나간 아이들과 동네 어른 사이에 문제가 발생했거든요. 과일 노점을 하시는 분의 리어카가 신기했던 아이들이 호기심에 리어카를 만졌나 봐요. 아이를 키우는 어른 분들은 '호기심에 그럴 수도 있겠다'고 이해하며 주의를 주고 끝낼 수도 있는데, 그 상인 분께서 조금 과하다 싶을 정도로 화를 내며 아이들에게 욕을 하시더라고요. 일단 교사들은 5층 교실에서 상황을 내려보고 있었죠. 나중에 아이들이 울면서 교실로 올라 왔길래 '아저씨가 너희 혼내서 밉지?' 하고 물었더니 고개를 젓는 거예요. 아저씨한테 혼나서 무서웠지만, 허락도 없이 아저씨 물건을 만진 건 자신들의 잘못이기 때문에 아저씨가 밉지 않다는 거예요. 너무 기특하지요?"

스스로 정하는 규칙

그러나 이 곳 역시 아이들의 사회인지라 부대끼며 생활하는 가운데 크고 작은 다툼은 늘 있는 일이다. 너무 지나쳐 상대 아이의

울음보를 터트리기 일쑤인 장난부터, 놀이를 번번이 싸움으로 번
지게 하는 아이들 특유의 경쟁심리 등이 원인이다.

이 같은 상황에 대한 해결책도 지난 10월 마지막 주 열린 꿈틀회의
의에서 아이들 스스로 결정했고, '꿈틀회의 규칙'이란 이름으로 벽
에 붙여 놓았다.

《 꿈틀회의 규칙 》

'싸우는 사람, 놀리는 사람, 어떻게 하면 좋을까'

- 경고를 3번 준다. '하지마', '싫어', '그만해'

- 3번 경고 후에는 '밖에 나가 10분 있다 오기', '1층까지 내려갔다 오기', '명상하기', '반성문
  쓰기', '꽃빛, 달빛, 백곰의 부탁 들어주기', '학교 일 하기', '현관에서 10분 동안 반성하기' 등
  의 벌칙을 준다.

- 벌칙은 피해자가 정해준다.

아이들 스스로 정한 규칙이기 때문에 벌칙을 받게 되는 상황에
도 순순히 수긍한다. 방석을 만들기 위한 바느질 수업이 진행된
'생생 프로젝트' 시간에 한 아이가 다른 아이의 바느질을 보고 놀
려대기 시작했다. 놀림을 당한 아이는 하지 말라고 1차 경고를 준
다. 경고를 받았다고 금세 장난기를 가라앉히기란 쉽지 않은 모양,
아이는 놀림을 멈추지 않는다. "두 번 경고하는 거야, 하지마." 놀
림을 받는 아이가 강한 어조로 놀림에 제재를 가하자, 장난꾸러기
는 꿈틀회의의 규칙을 상기한 듯 조용해진다.

"서로의 다름을 인정하고 배려하는 모습으로 아이들이 커 가는

것을 바라보고 있으면, 업무에 대한 스트레스로 병원을 찾을 걱정은 전혀 없다는 생각이 들어요. 우리 교사들의 마음도 자라고 보람도 한껏 느끼게 되니까요. 목표대로 12년제 학교로 거듭나기 위해 많은 논의와 의견다툼도 있겠지만 아이들을 보면 우리의 꿈이 행복하게 실현될 수 있을 것 같아요."

믿음으로 행복한 백곰 최현규 교사의 말이다.

세옥 기자 kso@ngotimes.net

🖉 내일은 없다

백 곰 (최 현 규)
꿈틀자유학교 교사

학교의 식구들이 함께 모여 술자리를 할 때면 잔을 높이 들고 이렇게 외치곤 한다.

"내일은 없다!"

'지금 이 자리에서' 우리의 행복을 위해 땀을 흘리자는 의미이다. 미래를 담보로 현재의 행복을 유보시키지 않는 삶을 살자는 이야기다. '지금 바로 이 자리'를 배움의 터로 삼는 학교를 하자는 의미이다.

〈꿈틀자유학교〉는 2004년 3월 아이들 4명과 행정간사 1명, 학부모 교사 1명의 작은 학교로 문을 열었다. 의정부 성당의 도움으로 넉넉한 터전을 구했지만 그 외에 학교를 시작하기 위한 다른 준비들은 되어 있지 않았다. 아이들과 생활할 교사가 아직 구해지지 않았다. 학교의 철학을 담아낼 수 있는 교육과정을 짜야 했다. 학교의 규모에 맞는 운영구조도 고민해 봐야 했다. 학교를 운영하기 위해서는 최소의 비용이 필요한데 너무 작은 규모로 시작해서 적자가 나는 것은 불을 보듯 뻔했다.

천천히 여유 있게!

산더미 같은 과제를 너무 크게 보지 않고 '천천히 여유 있게 가자는 것'. 그것이 우리의 해법이었다. 아이들과 함께 할 교사(꽃빛)가 왔고, 형식적인 교육과정을 운영하기보다는 마음을 활짝 열고 뛰어놀기 시작했다. 학부모들은 경직되고 사무적인 운영기구를 만드는 일보다 서로 마음을 열고 노는 일에 더욱 힘썼다. 재정확보를 위해서 아이들의 규모를 늘리지 않고 적자를 감수하는 편을 선택했다.

1년 동안 서로 마음을 열고 관계를 형성하는 가운데 교사와 아이들간에 또 아이들끼리, 그리고 교사와 학부모 사이에 마음의 벽을 허무는 것에 우린 힘의 대부분을 쏟아부었다.

지난 일 년을 단란하고 행복하게 보내온 꿈틀자유학교는 두 가지 커다란 변화를 경험하고 있다. 먼저는 식구수가 많아진 것이다. 올해 8명의 새 식구를 맞이했다(현재는 한 아이가 전학을 가서 13명이다). 4명의 가족 같은 분위기의 학교가 들썩들썩해졌다. 힘 조절이 안 되는 1학년이 5명이었다. 일반학교에서의 경험으로 마음에 깊은 상처를 안고 온 친구도 있다.

많아진 식구들로 인해 하루하루 사건 사고가 끊이질 않았지만 그만큼 배움의 기회는 많아진 셈이다.

첫해에 입학한 다섯 아이들은 가족 같은 분위기에 편안하고 안정감 있는 학교 생활을 했었는데 이제 그런 느낌을 자주 갖기 힘들게 되었다. 대신 활력 있고 다양한 관계들을 배울 수 있는 기회를 가지게 되었다. 물론 그 기회라는 것은 늘 즐거운 경험만으로 오는 것은 아니지만. 웃을 일도 두 배, 다툴 일도 두 배, 목소리도 두 배로 커졌다.

두 번째는 갑작스러운 '이사'였다. 성당에서 대여해 준 가건물은 커다란 방이 세 개에 넓은 복도, 그리고 자전거를 맘껏 탈 수 있는 넓은 주차장까지 뛰어놀기에는 최상의 조건이었다.

그런데 성당내부 사정으로 2학기가 시작되기 전에 옮겨야 하는 상황이 된 것이다. 바람 같아서는 산과 들이 있는 한적한 곳에 너른 마당이 있는 집으로 옮기고 싶었지만 한 달간 발 품을 팔아가면서 자리를 잡은 곳은 상가 5층에 꾸려진 가정집이다. 깨끗하고 따스한 분위기는 좋았지만 더불어 살기란 쉬운 일이 아니었다. 아래층에는 건축설계사무소가 있고 층마다 사무실과 식당이 있어서 여간 예민한 것이 아니었다.

교사들은 '하지마'라는 말을 끊임없이 해야 하고, 아이들은 5층까지 오르내리는 계단과 시끄럽다고 혼내는 어른들도 무섭다. 그렇지만 혼내는 어른이 반드시 나쁜 어른은 아니라는 것을 아이들은 이해하고 있다. 단지 무섭다는 것이지.

작은 학교로 가꾸기

학교의 터전을 마련하는 일은 전일제로 운영되는 '작은 학교'들이 해결해야 하는 시급하고도 어려운 과제이다. 외부로부터의 재정적인 지원이 없는 상황에서의 터전 마련은 결코 쉬운 일이 아니다. 도시에서 땅을 사서 건물을 지으려면 돈이 많이 든다. 우리는 가진 것이 많은 사람이지만 돈은 부족하다.

그렇다고 값싼 땅을 얻기 위해 시골로 들어가는 것도 만족스럽지 않다. 우리 삶의 터전이 아니기 때문이다. 우리는 아이들을 위해 산 좋고 물 좋고 공기 맑은 터전을 마련해 주고 싶다. 그러나 '지금 여기' 우리에게 주어진 환경에서 행복하게 더불어 사는 것이 먼저라고 생각한다. 지금 4층에 있는 어른들의 생계를 위협하지 않으면서 즐겁게 학교생활을 하는 것이 중요하다. 지금 여기서 그걸 배우지 않으면 우리의 주변을 가꿀 힘을 과연 어디서 배울 수 있을까.

우리가 학교를 시작한 마음은 '작은 마음'이다. '작은 학교'가 '큰 학교'가 가진 체계적이고 조직적인 방향으로의 발전을 지향했다면 더 많은 어려움이 있었을 것 같다. 내 아이의 갈 길은 오직 위대한 사람, 유명한 사람, 힘 있는 사람이었다면 즐거운 학교는 시작되지 않았을 것이다. 아이들에게 충분히 놀 시간을 줄 수 없었을 것이다. 사실 4명에서 13명으로 늘면서 이미 '큰 학교'가 되어 버린 것 같기도 하다.

☺ **꿈틀 자유학교 찾기**

경기도 의정부시 의정부 2 동 481-14 홍익빌딩 5 층
Tel. 031)837-3366, http://www.ggumtle.or.kr

☺ **전국에 분포되어 있는 83 개의 대안학교를 찾으려면**

대안교육연대 http://www.pase.or.kr

3 지역 사회가 변하고 있다

단기간이 아닌 5년, 10년 후에
마을이 바뀔 모습을 상상하며
중장기적인 안목을 가지는 것이 중요하다.

인천 연수2동 주민자치센터

주 말에 가족과 함께 자매결연을 맺은 '자매지역' 강원도로 여행을 떠나고 동네 주민 수천 명이 문화축제를 기획하고 참여하는 마을에 산다면 얼마나 좋을까. 바로 인천시 연수 2동 주민자치센터가 그리고 있는 모습이다.

원인재역에 내려 〈연수2동 주민자치센터〉로 가는 길은 도시계획으로 구획정리 된 동네답게 많은 가로수들도 잘 정돈돼 있었다. 연수2동 주민자체센터에 도착하니 자원봉사자들이 쓰레기 분리수거를 하고 있었고, 입구에서부터 센터를 소개하는 재미있는 삽화들이 진열돼 있었다. 1999년에 열어 5년째 접어들고 있는 연수2동 주민자치센터는 주민이 만들어 나가고 지역공동체 형성에 촉매역할을 할 수 있는 자치센터를 목표로 하고 있다. 인천 문학산 남쪽에 위치해 따뜻하고 해안의 공기가 좋아 이름 붙여진 연수동은 상가권, 중산층, 저소득 임대지역으로 크게 3개 권역이 형성되어 있다. 연수2동 주민자치 발자취를 보면 대규모 사업으로부터 시작한 것이 아니라 작은 것부터 하나하나 실천해 왔다. 2000년 어린이 방학 특강 프로그램 개설을 시작으로 제 1회 마을축제를 개최, 2001년에 각 프로그램을 확대하였으며 11월 달에는 전국주민자치센터 박람회에서 전국 최우수 자치센터로 선정됐다. 이미 전국적으로 알려진 주민자치센터의 모범 지역이다. 취재 당일에도 목포시 주민자치센터 관계자들이 탐방을 다녀갔다.

"친목회나 다름없는 주민자치모임은 지양합니다. 매년 초 주민들이 직접 참여하는 워크숍을 열어 지역문제를 실질적으로 고민하고 개선하는, 말 그대로 주민자치의 모습을 그리려 합니다." 윤영복 연수2동 주민자치위원장의 말이다.

다양한 프로그램 문화축제로 '공동체' 업그레이드

도대체 어떤 활동을 벌이기에 잘한다는 소문이 난 것일까. 동사무소 2, 3층과 지하공간을 이용하는 자치센터에는 각종 도서와 영상물, 컴퓨터 등이 마련되어 있고 취미, 생활체육, 방과 후 교실 등 다양한 프로그램을 개설하고 있다. 이 정도면 여느 자치센터와 다를 바 없다. 그러나 운영 방식에 큰 차이가 있다.

우선 지역사회 변화를 위한 주민참여 노력이 활발하다. 올해부터 성인과 어린이들을 대상으로 한 주민자치학교를 운영 중이다. 자치학교는 성인들을 위한 기체조, 사물놀이와 어린이들에게는 지역탐방과 벼룩시장 참여 등의 수업을 통해 지역의 주인의식을 고취시키도록 하고 있다.

센터를 이끌어가는 주민자치위원회의 구성도 민주적이다. 위원들 영입 시 권역, 성별로 골고루 인원을 배정하고 있다. 윤영복 위원장은 "정치적 혹은 상업적 목적을 가지고 위원회에 들어오려는 사람은 철저히 배제하고 있다"며 "공무원, 교사, 자영인 등 다양한 계층의 사람들이 참여하고 있다"고 말했다. 또 운영위원 전체를

연수 2동 주민자치센터는 주민참여율이 높은 자치위원회를 통해 사업을 입안하고 집행한다.
이동근 기자 odaiba02@hanmail.net

일반위원으로 교체하여 참여위원들이 자신의 능력을 발휘할 수 있는 기회를 제공하고자 '임원 역할 바꾸기'를 시행 중이다.

이 같은 노력은 주민들의 적극적인 호응으로 이어진다. 오혜수(주민자치센터 자원봉사자, 40세) 씨는 "센터가 운영하던 '자녀와 함께 성장하는 어머니 모임'이라는 프로그램을 통해 자신의 정체성을 찾게 되었고 자치센터에서 여러 사람을 만나게 되어 좋다"고 말한다. 그는 "주 1회 나와 도서대여 업무를 맡아 하면서 뿌듯함을 느끼고 있다"며 "센터가 이웃 주민들에게 안방, 사랑방 같은 역할을 하고 있다"고 말했다.

센터를 찾은 맹주영(연수2동, 15세) 군은 "주로 여기에 와서 만화책이나 비디오를 빌려 보는데 컴퓨터도 할 수 있고 이용하기에 너무 편리하다"고 밝힌다. 또 그는 "연수2동에 이사 와서 2년 정도 살았는데 예전에 살던 곳에 비해 센터에서 많은 것들을 이용할 수 있어 좋다"면서 "센터에서 빌린 신간 도서를 읽으며 친구들에게 자랑까지 늘어놓는다"고 말했다.

연수2동 주민자치센터는 2003년 12월을 기점으로 기존의 교육, 문화 위주의 프로그램을 자치기능 강화 쪽으로 수정했다. 대표적 사례가 '살기 좋은 마을 만들기'다. 이 사업은 지역 주민들과 시민단체·분야별 전문가·행정기관이 모두 힘을 합쳐 민관파트너십을 보여주고 있다. 환경복지, 총무, 문화여가분과위원회가 각각 대상사업을 선정해 사업을 추진한다.

또한 사업이 시작되기 전 사안별 공청회를 열어 지역주민들이 추진모델을 구상하여 이를 사업자에게 제시하는 형태로 이루어진다. 지역별 특성을 살려 상가 밀집지역은 체육공원, 중산층이 거주하는

아파트단지 주변은 문화 공연장과 노인층 배려시설, 저소득층이 사는 지역은 생태공원으로 조성하고 있다. 사업 후 주민의견을 반영한 공원이 만들어 지고 거리마다 중앙 분리대를 설치하여 주민들의 안전을 고려했다.

'단기간이 아닌 5년, 10년 후에 마을이 바뀔 모습을 상상하며 중장기적인 안목을 가지는 것이 중요하다.' 센터 상근자들의 한결같은 목소리다.

다른 지역 주민들이 부러워할 만한 사업도 많다. 올 초 강원도 평창군에 위치한 계촌마을과 연계해 고향 같은 쉼터를 제공하는 '웰빙'사업을 하고 있다. 이 사업은 강원도에 의뢰해 몇 개의 후보마을을 정하고 여러 번에 걸친 답사를 통해 최종적으로 계촌마을을 선정, 지난 8월 위원회에서 가결하였다.

지역 주민들은 계촌마을에서 농촌체험 프로그램을 경험하며 자연을 느끼며 농산물 직거래를 통해 상호 동반자적인 관계를 모색하고 있다.

2000년부터 시작하여 올해로 5회를 맞고 있는 연수2동 '솔안말 축제'는 지역주민의 일체감과 동질성을 확인하는 주민참여 문화축제다. 솔안말 축제는 수백 명에서 수천 명이 참여해 공연, 전시, 먹거리마당, 벼룩시장 등 다양한 행사를 통해 남녀노소가 즐길 수 있는 명실상부한 지역문화축제로 자리매김하고 있다.

주민자치센터 실무자 윤희숙 씨는 "축제준비과정에서 전야제, 본행사, 마무리까지 모두 지역주민들이 참여하고 있는 것에 큰 의의가 있다"고 자평했다. 그는 또 "지역 행정 공무원들이 자기들 끼어들 자리가 없다며 불평을 하기도 하는데 그만큼 지역주민들의 참여가 좋고 자치센터의 효율성을 반증해 주는 것"이라며 "관(官)에 의존하기

보다는 같이 할 수 있는 부분을 찾아 나가는 것이 중요하다"고 말했다.

  학교를 마친 많은 아이들이 센터를 찾아 책을 읽으며 이야기를 나누고 있었다. 그 아이들의 모습 안에서 선진 자치를 실현해 나가고 있는 연수2동의 단면이 더욱 빛을 발하는 것처럼 보였다.

이동근 기자 odaiba02@hanmail.net

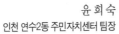 **새 희망 만드는 거름**

윤 희 숙
인천 연수2동 주민자치센터 팀장

주민참여, 주민자치, 지역공동체라는 가치를 내걸고 주민자치센터가 운영된지 벌써 5년째가 되어간다. 해를 거듭할수록 주민자치센터가 지역의 새로운 희망을 만들어 가는 토대가 되고 있음을 전국단위 네트워크를 통해 확인할 수 있다. 이 점은 지역에서 풀뿌리를 내리고 사는 주민자치위원과 자원활동가의 지역에 대한 헌신적인 활동의 결과라고 생각한다.

하지만 아직 많은 과제들이 남아있다. 무엇보다 주민자치센터가 지역 공동체의 발전을 위해 자유롭게 토론하고 창조적인 의견들을 만들어 가는 대화의 장으로서 기능하고 있는가 하는 점이다. 또 주민자치센터의 민주적인 운영과 자율성은 어떤가. 대체로 아직 요원한 상태라고 볼 수 있다. 그것은 특히 대도시에서 마을이나 이웃이란 개념이 사라지고 이기적인 개인주의가 팽배해 있기 때문일 것이다. 더구나 자치 행정도 소외된 이웃을 향한 공공성과 상생의 행정력보다는 지역 유지들의 입김에 의한 주민을 위한 참자치는 멍들어 가는 사례가 많기 때문이다.

왜 주민자치인가? 주민자치는 말 그대로 지역의 자치를 주민 스스로 실현한다는 데 있다. 이기적인 개인주의가 팽배한 사회구조 속에서 참자치와 공동체를 향한 욕구는 어찌 보면 당연한 것인지도 모르겠다.

주민자치센터는 그 동안 지역에서 문화여가, 시민교육 중심의 프로그램 운영에 중심 역할을 해 왔으나 점차 지역특성에 맞는 프로그램 개발로 지역공동체 형성에 기여하고 있는 선진적인 형태의 주민자치로 옮아가고 있다.

그러나 주민들의 욕구를 정확하게 파악하고 지역의 문제를 진단하고 지역특성에 꼭 맞는 프로그램을 개발했어도 주민들의 적극적인 참여와 문제해결의지가 없다면 주민자치센터는 존재할 이유가 없어진다. 이처럼 프로그램 운영의 성패는 지역을 제대로 알고 있어야 하고 동시에 주민들의 마음을 움직일 수 있어야 한다는 점이다.

연수2동 주민자치센터가 선진적인 주민자치센터로 평가 받고 있는 점은 바로 그 점을 제대로 해 내고 있기 때문이다. 우선 센터를 운영하고 있는 주민자치위원 개개인이 정치적인 목적을 취하지 않고 있다는 점도 한 몫 하고 있다고 본다. 또 그들이 자발적인 봉사정신으로 프로그램을 통한 인적자원 발굴에 노력하고 있고 또 발굴한 인재들이 활동할 수 있는 장을 마련해 두고 있다는 점이다.

발굴한 인재들은 주민자치위원으로, 프로그램 강사로, 자원활동가로, 능동형 실무자로 역할을 훌륭하게 해내고 있다.

또 하나, 주민자치가 제 기능을 다하려면 주민자치위원회의 독자적인 운영도 아니고 행정기관의 편파적인 운영도 아닐 것이다. 주민자치위원회의 자율성과 행정기관의 공공성이 지역 주민과 적절하게 합의된 형태의 민관 파트너십이 서로 만났을 때 주민자치가 가능하다고 본다.

지역의 다양한 계층, 남녀노소 누구나 편하고 즐거운 마음으로 주민자치센터를 드나들 수 있다면 풀뿌리 민주주의는 바로 거기부터다.

☺ 인천 연수 2 동 주민자치센터 찾기

인천시 연수구 연수 2 동 연수 2 동 사무소 3 층
Tel. 031)810-5344, 821-2394
http://jjcenter.inpia.net 주민자치센터 명단

☺ 연수 2 동과 서로 경험을 나누는 주민자치센터들

제주시 연동 주민자치센터 _ 064) 748-3887
제주시 북제주군 구좌읍 주민자치센터 _ 064) 742-4600
서울 양천구 목 6 동 주민자치센터 _ 02)2654-4691
경기도 시흥시 매화동 주민자치센터 _ 031)310-2625
경기 양주시 회춘 2 동 주민자치센터 _ 031)820-5861
인천 서구 가좌 2 동 주민자치센터 _ 032)576-1662
강원도 원주시 단계동 주민자치센터 _ 033) 741-2618
광주광역시 북구 오치 1 동 주민자치센터 _ 062)265-8521
충북 충주시 칠금동 주민자치센터 _ 043)850-5725

금천 은행나무 어린이도서관

온돌방에 엎드려서 책을 읽는 아이, 앉자마자 안경알 너머로 책세상에 온통 정신을 빠뜨린 아이, 꺼내든 동화책을 읽어 달라고 엄마에게 조르는 아이, 동생 손 붙잡고 와 동생에게 책을 읽어주고 자신의 책도 고르는 아이. 금천 은행나무어린이도서관에 들어서자 이렇듯 사랑스런 아이들의 모습이 눈에 들어온다. 그러나 여기에 한 가지 더 추가다. 막내 젖먹이에게 젖을 물린 채 조금 큰 두 아이들에게 동화책을 읽어주는 어느 가족의 풍경은 분명 이곳을 좀 더 특별나 보이게 만들고 있었다.

금천 은행나무어린이도서관이 특별한 이유는, 바로 '엄마들이 만든' 어린이를 위한 도서관이라는 점이다. 서울시내에 있는 어린이도서관의 숫자도 그리 많지는 않지만 그 중에서도 엄마들이 손수 만든 어린이도서관은 은행나무어린이도서관이 거의 유일하다.

이 곳을 찾은 엄마들이 한 마디씩 거드는 얘기도 "뭣보다 아이들이 좋아하고, 편하다"는 점이다. 아이들 키우는 엄마들은 안다. 온돌마루에서라면 아이들은 마음껏 행동이 자유로워진다는 것을. 어지럽혀도 치우기 편하고 아이에게나 엄마에게나 부담 없이 그

금천 은행나무 어린이도서관에서는 엄마들이 매일 아이들에게 책을 읽어준다.
최문주 기자 cmjoo@ngotimes.net

만인 장소라는 것을. 젖먹이를 데리고 온 엄마는 아이 젖을 물리기도 하고 책 보다 잠든 아이를 옆방에 잠시 뉘이기도 한다. 만들고 운영하는 사람들이 '엄마'이다보니 엄마의 마음이 자연스럽게 배어 있는 곳이다.

23평짜리 공간엔 7천여 권의 책들이 빼곡하고도 가지런하게 채워져 있다. 어린이 책이라 하면, 여느 공립 도서관이 부럽지 않다. 월요일을 제외한 일주일 내내 오후 1시부터 6시까지 문을 여는 이 도서관에서는 지킴이 '엄마'가 매일 책을 읽어준다. 한 달에 한 번 슬라이드 동화읽기 '빛그림 공연'을 열면 온 동네에서 모여든 50~60명의 엄마와 아이들이 한꺼번에 이 곳을 가득 채운다.

금천 은행나무 어린이도서관엔 가족 회원이 200여 명, 4인 가족으로 치면 회원 수는 800여 명에 이른다. 가족단위로 가입비 3만5

천 원만 내면 평생 무료로 책을 읽을 수 있다. 가입비는 다만 "우리 아이들이 함께 읽을 책 5권 기부하고 평생 같이 보자"는 취지다. 비단 아이들 뿐 아니다. 주말이면 엄마, 아빠도 몇 시간씩 책을 읽다 돌아간다.

"동화 읽어주는 꼬부랑 할머니 되려고요"

어린이도서관은 금천 동화 읽는 어른모임 〈함박웃음〉이 주축이 돼 시작됐다.

엄마들이 모여 동화를 읽고 토론하면서 "이 좋은 책을 우리 지역 사회에도 알리자", "우리 아이들, 내 이웃 아이들에게도 읽히는 작업을 해보자" 하는 게 취지였다.

뜻은 매우 소박했으나 그것을 실천하기가 결코 만만한 작업은 아니었을 터. 하지만 함박웃음 회원들은 아주 단순하게 시작했다. 50만원부터 1~200만 원씩 엄마들이 출자금을 모은 것이다. 운영 경비는 생각도 못하고 일단 공간부터 마련하자고 생각했다.

"다들 살기 급급한 형편이고 어디에 투자할 만큼 여유로운 사람은 없었어요. 하지만 뜻이 모아지니 일이 자연스럽게 진행되더군요." '지킴이 엄마' 이지영 씨의 설명이다.

그 돈으로 금천구 시흥 은행나무 사거리에 있는 한 건물의 공간을 임대했다. 책장을 맞추고 칸막이 공사며 인테리어를 하고 책을 들여 놨다. 지역주민들의 관심도 높아졌다.

그러나 문을 연지 1년도 채 안 돼 어린이도서관은 난관에 부딪혔다. 입주해있던 건물이 재건축에 들어가면서 도서관 자리를 내줘야할 상황에 닥친 것이다. "이대로 그만 둘까." 생각도 했다. 하지만 도서관을 찾아준 지역 회원들에 생각이 미쳤다. 이미 책임감은 더 강해져 있었다. 머리를 맞댔다. "우리가 뭘 어떻게 할 수 있을까."

엄마들은 지역에서 바자회를 열었다. 그리고 손가방을 제작해 기금 모금을 위한 판매를 시작했다. 전국의 동화 읽는 어른모임 지부들에 도움을 요청했다. 홍보 캠페인에도 나섰다. 그렇게 한 개에 7천 원하는 가방 2천500개를 팔았다. 은행나무어린이도서관은 무사히 고비를 넘겼다. 가까운 곳으로 이사를 해 지금 공간에 둥지를 틀 수 있었다. '꿈은 이루어진다'고 했던가. 엄마들의 꿈이 어린이도서관을 여기까지 오게 했다. 이제 은행나무 어린이도서관은 만 2년을 넘겨 내년이면 횟수로 4년째를 맞는다.

은행나무어린이도서관은 40여 명의 운영위원들과 자원봉사자들로 구성된 '지킴이' 엄마들이 운영을 맡고 있다. 이들이 순번을 정해 정기적으로 도서관에서 청소도 하고 책도 관리한다. 단순히 시간만 내는 자원봉사는 아니다. 일정 부분 필요한 교육도 받아야 하고 정기적인 시간에 아이들에게 책을 읽어주는 것을 원칙으로 한다.

"아이들이 무슨 책을 봐야 하나 서가에서 두리번거리고 있으면 가서 그 아이에게 맞는 책도 골라주고 아이와 읽은 책에 대한 이야기도 나누고요." 지킴이 민경하 씨의 말이다.

엄마들이 지킴이 활동을 하는 날엔 자연히 애들 돌보기도 품앗이가 된다. 엄마들로서는 "애들 떼 놓고 5시간 봉사한다는 게 여간 대단한 일이 아니기 때문"이다. 엄마들끼리 이렇게 의지할 수 있는 것도 "진짜 뜻이 있으니 가능한 일"이다.

"어린이책을 읽고 공부하는 엄마다보니 동화가 얼마나 좋은지 알죠. 그러니 아이들에게 자꾸 읽게 해주고 싶고, 권해 주게 되고요. 엄마가 동화책을 보니까 아이들이 자연히 책을 꺼내게 되더군요." 금천 은행나무어린이도서관 조희순 관장은 이제 아이들에게 "동화책은 그만 덮고, 숙제하자"가 입버릇이 됐다고 말한다.

"저만 해도 책을 읽고 산 세대가 아니거든요. 밥 먹고 살기도 힘들 때였는데 책 읽기가 익숙치 않았죠. 그런데 나이 들어 동화책을 읽다 보니 재미있어요. 사회, 역사, 생태, 자연이야기를 외우는 게 아니라 자연스럽게 보게 되죠. 동화를 통해 자연히 알게 되는 세상이 있더라고요."

조희순 관장을 비롯한 금천 은행나무어린이도서관 엄마들의 꿈들은 이렇다. "꼬부랑 할머니가 될 때까지 동화 읽는, 동화 읽어주는 할머니가 되자"는 것. 엄마들은 자꾸 자꾸 서로에게 다짐한다.

최문주 기자 cmjoo@ngotimes.net

 "책이 내 아이 삶을 바꾸죠"

어 유 선
서울 금천 은행나무어린이도서관 사무장

〈은행나무어린이도서관〉은 2002년 9월에 만들어진 흔히 '사립문고'라 불리는 작은 어린이도서관이다. 당시에 5년 남짓의 역사를 가지고 있던 어린이도서연구회 산하 지역모임인 금천 동화 읽는 어른모임의 어린이책을 공부하는 엄마들 30여 명의 쌈짓돈과 땀과 노력이 깃들여져 출발했다. 만들기 위한 준비기간이 3개월 걸렸고 만들고 나서 대출을 하는데도 3개월 정도밖에 걸리지 않았으며 3천500여 권의 좋은 책을 모아 바코드 작업과 라벨 작업까지 밤을 새워가며 일사천리로 마치고 문을 열었다.

그냥 집어 들고 보던 책 한 권이 도서관의 책이 되기 위해 얼마나 많은 과정을 거쳐야 하는지를 알게 되면서 앞으로 우리들을 기다리고 있을 힘겨운 일들을 생각하면 절로 한숨이 나오기도 했지만 우리는 마냥 즐거웠다. 함께 읽어 왔던 좋은 어린이책들을 지역 어린이들과 학부모들과 나눌 생각만으로도 가슴이 벅찼다.

2002년 9월에 처음 문을 열면서 책 읽어주는 도서관으로 알려지기 시작했다. 매일 오후 3시면 어김없이 아이들에게 책을 읽어 준 것이다. 회원들이 번갈아 가며 자원봉사로 도서관을 지키기에 처음에는 누구나 쑥스러웠지만 그렇게 날마다 아이들에게 책을 읽어 주다 보니 이제는 아이들에게 책을 읽어 주고 이야기를 나누는 것이 도서관 하루의 한 부분이 되었다.

도서관은 올해를 넘기면 4년이 된다. 그 짧은 시간 동안 안정되지 못한 공간에 둥지를 틀었기에 벌써 올해 2월에 한 차례 이사를 했다. 그렇게 어려운 이사의 과정을 거치는 기간은 도서관에 대한 사랑을 시험하는 시간이기도 했다. 그렇지만 결국 이사를 했고 현재는 착실히 이전기금을 마련하며 서로 도와 함께 만드는 도서관이 되기 위해 노력하고 있다.

작은 문고 하나 유지해 가는 것은 생각보다 어려운 일이다. 도서관이 마치 어린 새 같다는 생각을 해 본다. 끊임없이 재촉하니 쉴틈 없이 먹이를 물어다 주어야 한다. 이제 우리는 서슴없이 그렇게 쉽게 도서관을 만드는 것이 아니었다고 이야기한다. 50여 명 남짓한 회원들의 회비와 후원금, 그리고 구청의 지원금만으로 도서관이 안정된 공간에 보금자리를 틀기는 어렵기 때문이다. 그래서 여럿이 함께 만든 민간 도서관은 우리가 처음이자 마지막이 아닐까 생각하기도 한다.

도서관은 상하반기 총회와 이사회를 한다. 관장을 비롯한 운영진이 매달 회의를 거쳐 도서관 주요 사업을 의논, 집행하고 중요 사항은 이사회의 의견 수렴을 통해 총회에서 결정한다. 조금씩 손을 보아 4차례 개정한 운영규정도 가지고 있다. 그렇게 함께 의논하며 모두 같이 일을 하려고 노력하고 있다.

두 달에 한 번씩 내는 소식지와 방학 홍보지를 통해 도서관 안팎의 일들을 꾸준히 알리고 많은 분들이 이용할 수 있도록 안내를 하고 있다. 또한 사서모임에서 도서관에 새책도 들여 신간코너를 꾸미고 이달의 권장도서도 소개한다. 달마다 강연회를 통해 다른 도서관에 대한 이야기나 어린이 책에 대한 이야기도 나누고 있다.

우리 도서관의 자랑이자 많은 어린이의 사랑을 받는 빛그림 공연도 셋째 주 토요일마다 정기적으로 하고 있고, 5월 어린이날한 마당, 개관기념행사, 10월 책잔치 등 분기별로 큰 행사도 한다. 물론 동화 읽는 어른모임이 함께 하기에 가능한 일이다. 그렇게 크고 작은 행사를 통해 우리는 물이 고이지 않도록 노력하고 있다.

언제나 문을 열고

은행나무어린이도서관은 현재 7천여 권의 책을 가지고 있다. 3년 동안 알뜰살뜰 만져온 도서관의 책들이다. 우리들이 제일 중요하게 생각하는 것은 마음 내키는 대로 도서관 어느 곳에서 책을 꺼내도 다 아이들에게 권하고 싶은 책들, 그런 좋은 책을 아이들이 마음껏 읽을 수 있는 도서관이 되게 하는 것이다.

정보화라는 시대적 흐름 속에서 사람들은 흔히 책을 정보의 수단으로 생각한다. 그러나 도서관에서 일하는 50여 명의 엄마들은 책 한 권이 어린이의 마음에 주는 즐거움이 그 아이의 삶을 바꿀 수도 있음을 안다. 우리 힘이 미치는 이 작은 공간에서나마 아이들의 꿈을 가꾸고 키워 나가기 위해 노력하려고 한다. 언제나 문을 열고 아이들을 맞이하겠다는 마음과 함께.

☺ 금천 은행나무 어린이 도서관 찾기

서울 금천구 시흥 5 동 909-5 (2 층)

Tel. 02)892-7894, http://eunhaengnamu.org

☺전국에 분포한 민간 어린이도서관 주소를 볼 수 있는 곳

어린이도서관연구소 어린이도서관 푸른꿈

http://www.childlib.or.kr

Tel. 031-929-5768 (연구소장 한상수)

4 좌담 이제 풀뿌리가 중심입니다

사람들이 개인적으로 살아가는 것 같지만
서로 관계 속에서 영향을 미치고 있어요.
지금은 인터넷으로 움직이는 시대라서
조금만 움직이면 지역의 정보들을 쉽게 구할 수 있습니다.
지역문제에 대해 관심을 갖는 풀뿌리 그룹들이
여기저기서 생겨나고 있어요.

"이제 풀뿌리가 중심입니다"

일시 _ 2004년 11월 23일, 장소 _ 시민의신문 회의실
참석자 _
김연순 (여성민우회 생협 기획위원장)
정외영 (녹색삶을 위한 여성들의 모임 공동대표)
정보연 (KYC 사무처장)
고상준 (아데나워재단)
사회 _
최방식 (시민의신문 편집국장)

사회 이 좌담*을 끝으로 KYC와 시민의신문, 그리고 아데나워재
단이 기획한 '풀뿌리가 희망이다' 시리즈가 마무리됩니다. 그동안
같이 노력해주신 것 고맙게 생각합니다. 기획시리즈를 진행하면
서 시민운동 전문지인 시민의신문도 또 다른 희망을 봤습니다. 그
동안 시민사회도 중앙만 주목하고 국가의 정책사안에만 관심을
가졌고, 정치나 시민운동에 대한 보도도 마찬가지였습니다. 즉,
중앙 중심의 파워 있는 단체의 움직임을 주로 다룬 거죠. 우리도
지역 움직임을 보도하려고 노력했지만, 그간 상대적으로 소홀했

---

*시민의신문 · KYC · 아데나워재단이 '풀뿌리가 희망이다'는 주제로 풀뿌리운동에 대한 진단과
평가, 앞으로의 전망을 논의한 좌담을 싣는다. (편집자 주)

던 것이 사실입니다. 이제 시민운동도 새로운 길을 모색해야 한다고 생각합니다. 사실 시민운동 차원에서 '연대'를 말하지만 주요사안에 대해 다 모여 목소리를 낸다던가, 정치권 근방에서 목소리를 내서 정책변화를 꾀하는 형태였는데, 문제는 제도가 바뀌어도 개인 삶에서 달라지는 게 없다는 것입니다. 법·제도를 집행하는 사람도 안 지키고, 국민들도 모르기 때문이죠. 이게 가능하려면 문화가 바뀌어야 하는데, 그러려면 시민들의 삶, 즉 지역이 변화해야 합니다. 21세기에 걸맞은 시민운동은 중앙이 아니라 지역 속에서 시민들과 함께 같이 생각하고 토론하는 그런 운동이 아니고선 장기적 비전이 흐려질 수 있다는 생각을 합니다. 시민사회가 만들어낼 수 있는 가치라는 것이 역시 지역에서 주민들과 함께 움직이고, 그들이 움직이면서 나오는 게 아닌가 싶은데요. 풀뿌리운동이 과연 무엇인지, 21세기, 지구촌, 한국 그리고 지역에 있는 우리가 할 수 있는 것은 무엇인지 자연스럽게 한 마디씩 부탁 드립니다.

시민운동, 먹거리·교육 등 삶을 주제로 재조직화 필요

정보연 KYC 사무처장

정보연 개인적으로 도봉시민회에서 일하고 있고, KYC에서도 살림살이를 꾸리는 사무처장을 맡고 있습니다. 말하자면 풀뿌리와 전국적 시각으로 운동을 볼 수 있는 기회를 동시에 얻고 있는 셈인데요, 두 가지를 비교하면서 느끼는 것은 오히려 사회전반에 대한 시각을 가지면서 거시적 비전을 갖고 있는 중앙단위의 노력도 필요하다는 것입니다. 중앙 단위의 운동을 지나치게 폄하할 필요는 없는 것 같습니다. 물론 풀뿌리는 더 발전해야 하지만 그동안 성과를 얻은 중앙단위의 시민운동도 더 발전해야 하죠. 그래야 시민운동도 더 발전될 것이라고 생각합니다.

정외영 올해 여러 기회를 통해 지방의 운동현장에 가볼 기회가 있었습니다. 며칠 전에도 원동이라고, 부산에서 한참 들어간 지역을 방문했는데요. 거기서 풀뿌리 활동가와 생협 쪽 활동가를 만날 기회가 있었습니다. 거기서 힘을 받았어요. 사실 그동안 지역에서 10년간 활동하면서 서로 경험을 나눌 기회가 없었거든요. 지난 2년간 새로운 경험으로 서로 교류·소통을 해본 경험 속에서 '아, 삶의 현장에서 구체적인 개인적 욕구와 관심들을 소중하게 받아, 같이하는 노력들이 많이 있구나' 하는 느낌을 받았습니다. 일단 풀뿌리 운동의 전망은 희망이 넘친다고 말하고 싶습니다.

김연순 저는 시민운동에 대한 상투적인 비판들로부터 이야기를 시작하고 싶습니다. 흔히 '시민 없는 시민운동'과 같은 이야기를 하는데, 중앙 활동가 중심의 운동이라는 비판은 일면 맞는 부분도 있지만, 전국단위로 보면 지역 차원에서 벌어지는 운동이 있음에도 불구하고 그것이 잘 드러나지 않아서 그런 비판이 나오지 않나 싶어요. 이런 기획을 통해 그런 운동을 드러내는 것 자체가 의의가 있다고 생각합니다.

고상준 저는 정보연 선생님의 이야기를 들으면서 다른 생각을 하게 되었는데요, 그동안 했던 운동들은 지금 우리가 지금 관심을 기울이려고 하는 것과는 조금 다르다고 생각합니다. 그래서 조금 다른 접근이 필요하다고 생각하는데 그동안 운동이 있었다고 말하지만 시민운동이라는 이름이 안 붙어 있었던 것입니다. 솔직히 그동안 거대담론이나 국가·시민사회와 관련되서 나올 수 있는 이야기는 다 나왔어요. 빈 부분을 채우기 위해 나온 것이 '풀뿌리'라는 개념입니다. 즉 이것도 거대담론에서 나온 거죠. 그래서 저는 이름도 다르게 붙여야 한다고 봅니다. 원래 지역운동이 모체고, 운동의 동력이고 본질인데, 팔 다리를 다 자르고, 머리와 입만 있는 것을 시민운동이라고 부른 것입니다. 말하자면 바로 살아내는 사람들의 이야기가 운동에서 빠져 있었던 것입니다. 그리고 그 이야기가 우리에게 희망을 주는 것입니다. 어떻게 보면 그것은 희망이라기보다 본질로 돌아가는 것입니다. 오히려 그간 거대담론으로 치우친 것이 상대적으로 반대쪽인 '생활'이라는 국면으로 치우쳤으면 좋겠습니다. 참여연대도 그렇고 경실련도 그렇고, 어디든 다 그런 식으로 갔으면 좋겠다는 것이 제 바람입니다.

사회 물론 이견도 있을 수 있고, 여러 가지 다른 견해도 있을 겁니다. 대표적인 것이 지금까지 시민운동에 대한 평가에서의 차이일 텐데요, 조금 쉽게 접근하도록 합시다. '풀뿌리'라는 개념의 문제도 지적됐는데, 일단 '풀뿌리'로 부르기로 하죠(웃음). 시민운동 진영이 왜 일반적으로 이 시점에 풀뿌리에 주목하는지에 대한 이야기를 하면 될 것 같습니다.

최방식 시민의신문 편집국장 (사회)

정외영 제가 지역에서 함께 살아가면서 경험한 것은 그동안 여성들이 삶의 주체로 나선 게 아니었다는 겁니다. 주로 양육과 같은 기능적 경험으로 묶여 있었던 거죠. 사회가 그 부분을 조명하고 뭔가 변화하려는 노력이 없었습니다. 여성들도 자기 삶을 영위하면서 본 것도 많고, 느낀 것도 많고 할 이야기도 많은 것이 내용이 될 텐데, 지금까지 이 분들의 경험은 스스로 주체가 아니라 다른 무엇으로부터 요구받은 경험밖에 없었던 거죠. 단적으로 교육에서도 마찬가지입니다. '교육 받아라'는 식으로 주로 가르침을 받아야 하는 것이 주된 경험이었던 것이죠. 수동적으로 받아들이고 수용하는 것이 일반적인 경험인데 반해, 자기목소리로 자기 이야기를 하고 싶은 욕구가 많습니다. 뭔가 주도적으로 자기 이야기를 하는 그런 욕구가 있는데, 풀 기회가 없었습니다. 전 그런 경우를 참 많이 봤습니다. 그러면 그것은 뭘까. 서로 풀어놓고 자기 이야기를 하기 시작한 것입니다. 제가 발견한 것은 그 분들이 이미 다 알고 있었다는 것입니다. 그렇다면 우리 한 사람 한 사람이 생활인으로 자기의사를 표명할 수 있는 기회, 늘 던져주는 것이 아니라 나의 경험과 의견을 갖고 의사결정에 영향을 미치는 그런 과정을 만들어내는 겁니다. 그러면 이제는 그동안 묻혀져 있었던 자신을 드러내놓고 우리의 목소리·의견으로, 작게는 우리 지역사회에서 영향을 미치는 문제에 대해 집단적으로 목소리도 내 보기도 하고, 그것을 '참여'라고 이야기하는데, 이 공간에서 우리가 우리 목소리로 이야기를 진행해 보자는 겁니다. 그동안 실제 나와는 무관한 일로 치부하고 나 혼자 살았는데, 이야기를 해보니 비슷한 거예요. 그 문제가 우리의 문제고 우리 공동체 문제라는 것이 발견되는 거죠. 그렇다면 더 이상 개인이 아니라 집단적으로 공동체적으로 해결할 수 있겠다, 그래서 '함께 공유하고 노력하니 해결되더라, 어떤 문제에 대한 해결책을 이렇게 만들어낼 수 있구나' 하는 것을 경험하면서 지금까지의 태도가 바뀌는 겁니다. 좀더 자발적·주도적으로 자기 삶을 재조직하는 것이죠. '왜 희망이냐' 고 이야기했는데, 사회가 개개인이 모여 이뤄지는 것이라면 자기의 성장, 변화 지향점을 갖고 리더십을 발휘한다면 그 공동체가 개인들의 삶을 재조직하는데 힘을 발휘하고, 전체적으로 그게 모여 사회가 다시 힘을 갖지 않을까, 그래서 희망이라고 이야기를 했던 것 같아요.

고상준 정외영 선생님은 아직 철저하게 바닥에 내려간 게 아닌 게 아닌가 하는 생각이 드는데요(웃음), 냉정하게 아직도 위, 아래라는 모임 단위를 중심으로 생각하시는 것 같은데, 더 바닥이 어딘가를 저는 생각합니다. 풀뿌리를 구성하는 개인은 전문성 때문에 희망이라고 봐요. 요즘 우리사회에서 관심을 기울이는 것이 전문성인데, 지금까지 우리는 어떤 전문가에

고상준 아데나워재단

의존했냐면 이론, 지식, 학위가 있는 전문가에 의존했습니다. 그랬더니 실천전문가가 빠진 것이에요. 그런데 풀뿌리는 바로 이 실천전문가입니다. 예를 든다면, 이전에 워크숍을 했을 때 애 다섯이 있는데 애 둘 업고 참석한 아줌마가 바로 그런 전문가라고 봅니다. 이 아줌마네 동네에서는 밤중에 애가 아프면 그 분에게 업고 찾아온다고 해요. 그 분이 의학전문가는 아니지만 그 전문성 때문에 그 분 옆으로 사람들이 모여드는 겁니다. 우리 모두에게는 그런 전문성이 있습니다. 학위도 없고 어떤 타이틀이 붙어 있는 건 아니지만, 이론전문가와 실천전문가 사이 어디쯤에 그 분이 있는 거죠. 그렇다면 우리는 어떤 전문가일까요? 우리는 코디네이터를 하는 방법전문가입니다. 이론은 실천전문가를 가르치려고 합

니다. 실천전문가들은 이론전문가 사이에 있으면 자신의 이야기를 꺼내놓지 않습니다. 생활정치에서는 양쪽이 다 중요합니다. 먼저 아는 사람들이 우리가 만들어주고, 꺼내주는 것이죠. 풀뿌리가 희망이라는 것은 우리뿐 아니라 이론, 실천전문가에게도 희망입니다. 중앙에서 지시하고 위에서 아래로 흐르는 그런 흐름은 더 이상 의미가 없습니다.

정보연 각자의 처지에서 이야기가 나오는 것 같습니다. 저도 저 나름대로 바라볼 수밖에 없는데요, 저는 학생운동권이다가 시민운동을 하는 운동권의 시각(웃음)에서 볼 수밖에 없을 것 같습니다. 저는 시대마다 시대적인 정신. 국민 대다수가 동의하는 과제가 있기 마련이라고 봅니다. 해방 이전에는 대한민국 독립이 시대정신이었다면 6~70년대는 산업화에 동의했고, 8~90년대는 민주화가 그런 것이었던 것 같습니다. 국민들은 그런 운동을 주도했던 사람에 대해 정치적 신뢰를 보냈습니다. 그 과정에서 필연적으로 폭압 아래 할 수밖에 없었기 때문에 재야인사들이나 계급적 요구가 상대적으로 없는 대학생들이 시대적 과제를 먼저 제기하고, 매맞고 그런 역할을 했던 것입니다. 말하자면 '기동전적 운동'이라고 할까요, 그런 것이 주도적 운동형식이 될 수밖에 없었죠. 민주화가 진전되면서 지금은 더 이상 외적 폭압이 나의 삶을 방해하는 적으로 등장하는, 그런 사회는 아니라고 봅니다. 사람들의 눈이 자연스럽게 자기내면이나 자기 삶의 주변, 가정이나 지역에 관심을 가질 여유를 갖게 되었고, 외치는 사람보다는 작은 단위에서 실천하는, 잘못됐다는 구호가 아니라 구체적으로 치유하는 사람이 존경받는 식으로 변화하고 있는 것입니다. 이 과정을 중앙중심의 기동전에서 진지전으로 변화되었다고 표현하든, 아니면 다른 개념으로 표현하든 앞으로 2~30년 이 운동이 계속되리라고 할 수 없지만, 지역에서 공동체적 삶으로 거듭나고 지역을 만드는 운동이 중요하게 되리라고 봅니다.

고상준 이슈 파이팅 할 때도 자기에 대한 관심은 있었지요. (웃음)

정보연 없었다는 것은 아니고, 예를 들어 80년대 지역에서 생협하자고 누가 주장했다면 가능하지도 않았을 겁니다. 군사독재정권의 고문으로 박종철이 죽고 그러는데……

김연순 당시는 대의중심이어서 그랬고, 이전까지는 중앙중심의 운동이어서 그랬다고 봅니다. 사실 저는 거꾸로 중앙이 다양해졌다고 봅니다. 말하자면 전국이 각자 중심이 되었죠. 과거에는 대의명분을 위해 개개인의 관심을 껐다면 각자의 삶의 욕구를 주목하는 방식으로 옮겨 가면서 풀뿌리에 주목하게 된 과정은 결국 주체의 문제라고 봅니다. 누가 주체인가에 대해 초점

김연순 여성민우회
생협 기획위원장

을 맞추면서 자기 삶의 영역에서 자기의 일을 해결하고자 하는 욕구가 나오면서, 저 스스로도 그랬지만, 이전 운동의 이슈나 방식, 흐름을 중앙에 의존했던 것이 사실입니다. 제가 일하는 민우회도 처음엔 '중앙민우회가 머리라면 지역은 팔다리다'는 식으로 생각했는데, 막상 하다 보니 다른 거예요. 중앙과 생각이나 조건, 운동방식이 많이 다를 수밖에 없는 겁니다. 사실 '지역'이라는 말도 '주변'이라는 어감이 있는데, 지역이 원하는 것을 고민하면서 풀뿌리

운동이 활발히 이뤄진 것이죠. 그런데 이런 운동은 이미 있어 왔는데 그동안 관심을 안 가져온 거죠. 진작부터 기존에 있었던 것에 대해 제대로 된 평가가 있었어야 했는데, 그 내용이 드러나지 않았기 때문이죠. 언론이 지역의 흐름에 대해 관심이 없었던 이유는 지역의 삶에서 정치영역이 매스컴을 주도하는 사람과 달랐기 때문입니다. 관심도 달랐고, 주체도 아니었던 거죠. 예를 들면 매일 아침에 아이들 통학로에 녹색어머니회 회원들이 매일 나오거든요. 급식 같은 경우도 사회적 일자리를 따로 창출하지 않고 어머니들이 나와서 돌보고…… 그래서 지역에서 활동이 비가시 노동으로 여겨져 온 겁니다. 즉 여성의 가사노동·보살핌 노동이 드러나지 않아 이야기거리가 안 되는 걸로 그들은 인식한 겁니다. 앞으로 비가시적이고 드러나지 않은 활동에 대한 충분한 인정이 이뤄지면 풀뿌리 운동의 주체가 드러나지 않을까 생각합니다.

사회 언론도 풀뿌리운동과 비슷하게 하는 것이 있습니다. 예를 들어 시민방송이나 퍼블릭 액세스 운동 같은 것이 그런 건데요, 서구에서도 '시민저널리즘'이라는 것이 있습니다. 미디어가 발전하기 위해서는 광고가 필요한데, 결국 돈이 나오는 곳이 기업과 정치권력이다 보니 관심이 거기였던 거죠. 그래서 시민저널리즘은 거기에 대해 문제의식을 갖고 있는 거죠. 미국의 경우도 시민사회에 들어가면 풀뿌리 언론이 많습니다. 전부 비영리로 돌아가고 있죠. 캘리포니아의 경우 유전자 조작을 하지 않은 유기농 생협조직이 그 바탕에 움직입니다. 물론 중앙에서는 그런 흐름이 안 보이지만 지역사회에 가면 그런 흐름이 보이죠.

김연순 언론들이 주목하지 않은 이유 중 하나가 지역운동을 했던 주요 주체가 사실은 여성들이거든요. 여성들이 한 일에 대해 관심이 없는 거죠. 매일 일상생활에서 먹거리나 아이들 교육, 그런 것을 여성들이 담당하고 있는데, 남성들의 머리 속에서는 '중앙정치나 노동운동, 이런 것이 중요하지, 먹는 것은 대충 먹으면 돼, 좋은 것 먹는 것은 잘 사는 사람들 일' 하는 식으로 생각하는 겁니다.

정외영 거기에도 이유가 있다고 봅니다. 예전에 어떤 분이 "'녹색삶을 위한 여성들의 모임'(이하 녹색)은 이슈가 있어 조직이 되는 것이 아니라 그냥 조직되는 것 같아요. 무엇으로 조직을 했습니까" 하고 물어온 적이 있어요. 아마 다른 단체들의 경우, 이슈가 있으면 '관심 있는 사람들 모여라 '는 식으로 조직이 되는 것 같은데, 녹색은 가장 일상적인 고민에서 출발하거든요.

정외영 녹색삶을 위한
여성들의 모임 공동대표

그게 대부분 자녀문제나 먹고 사는 문제죠. 일상의 문제들이 한두 사람이 아니라 숱한 사람들이 느끼는 문제들이고, 다시 들여다 보면 그렇게 많은 사람이 아침저녁으로 느끼는 가장 중요한 문제이기 때문에 가장 중요하게 해결되어야 하지만 역사적 과정도 그렇고 그런 문제를 중요하게 공유하지 못했던 거죠. 전 삶을 끌어 들여 우리사회가 일상의 문제를 갖고 고민하는 주체들이 그 문제들이 더 이상 숨겨지는 것을 용납하지 않아야 한다고 생각해요. 불편하면 불편하다고 말할 수 있어야 한다는 겁니다. 그것은 누가 주목해서가 아니라, 각각의 삶의 주체들이 주목하는 것, 그 자체가 돼야 합니다. 7~80년대 말, 90년대에 들어서야 그러기 시작한 거죠. 나도 아이를 키우고 새롭게 인식하면서 더 이상 이 문제에 관심을 갖는 것이 부담이 되지 않는 과정을 만들어내는 것이 중요합니다.

김연순 맞아요. 욕구를 드러내는 것이 미안하지 않아야 한다는 거죠.

정외영 중심이든 주변이든 삶터는 이미 드러났습니다. 드러나면서 갖는 힘이라고 생각합니다. 이건 본질적인 문제이기 때문에 계속 힘을 가질 겁니다.

지자체와 사회운동 아우르는 중재자, 풀뿌리 운동

사회 풀뿌리 운동을 이야기하면서 과거에 안 보이던 운동이 새롭게 부각되는 게 이슈 중심이 아니라, 다른 시각으로 보면 일상의 삶이 있었고 언론을 비롯한 중앙권력, 가부장 구조가 하찮은 문제로 배척했던 과정이 자신의 삶, 이웃문제였고, 지역공동체의 삶이었다는 말씀이신 것 같습니다. 물론, 운동에 대한 평가에서 논란이 있을 수 있겠지만 과거 노동운동이 남성중심적이었다는 지적인데요, 실제 동료가 끌려가고 밥 벌어먹고 살기도 불투명할 당시 관심이 그것 밖에 없었거든요.(웃음) 지금 풀뿌리가 주요 관심사가 되는 것은 역시 많은 사람들의 노력으로 나를 옥죄는 것을 걷어내고 내가 더 많은 것을 볼 수 있게 됐다는 것엔 대체적으로 이견이 없을 것 같습니다. 계속 이야기를 해 보죠. 삶 자체는 있어도 운동으로는 안 보였다는 것이 현재 상황이라면, 그런 문제나 운동가로서의 당면한 고민이나 문제점을 진단해보면 어떨까요.

정보연 풀뿌리운동이라고 했을 때 지역을 매개로 한 운동을 전제로 이야기하는데, 중앙도 다른 차원의 풀뿌리운동이 나오고 있습니다. 예를 들어 국민연금의 경우가 그렇죠. 온라인에서 모여서 이론 전문가의 도움도 안 받으면서 다른 개념의 운동이 전개되고 있습니다. 지역과 관련해서만 이야기한다면 아직 문턱이 높다고 봅니다. 우리는 중앙에 비해 많이 내려왔다고 생각하지만, 도봉시민회만 보더라도 이제는 어느 정도 안착돼서 서너 개의 운동방법이나 아젠다를 만들어 냈죠. 계속 주부들이 와서 교육받고 하고 있는데, 저는 남자인데다가 저의 요구로 지역운동을 한 것은 아니었어요. 개인적으로 이만큼 했으면 잘해 왔다고 생각했는데(웃음) 예를 들어 교육품앗이 활동가가 나타나서는 또 새로운 세계가 열리는 거예요. 사무실이 있고, 사람들이 여기에 모이는 것은 초기단계입니다. 교육품앗이의 경우 동네에서 하면 되지 사무실에 올 필요가 없거든요. 그 분을 통해 새로운 눈이 열린 거죠. 새로운 단계의 풀뿌리운동으로 접근하는 단계라고 생각합니다. 아마 지금보다 더 들어가야 할 겁니다. 제1과제는 더 지역으로 들어가는 우리의 방식이나 철학을 갖출 필요가 있는 것 같습니다.

김연순 저는 동북여성민우회에서 활동하고 있는데, 중요한 일상의 과제를 해결하는 것은 운동주체들이 자기활동의 중요성을 인식하는 것뿐 아니라, 또 하나는 제도의 변화도 함께 필요하다고 생각합니다. 제도는 그대로 두고 우리의 삶이 바뀌는 것은 아닌 것 같아요. 제도의 변화 필요성 때문에 지방자치활동을 해왔습니다. 방청활동, 감시활동을 하면서 지역예산을 같이 검토했죠. 예를 들어 예산분석을 하면 우리가 낸 세금이 쓰이는 방식, 구체적

시민의신문 회의실에서 열린 '풀뿌리가 희망이다' 좌담회
이정민 기자 jmlee@ngotimes.net

으로 동네에는 어린이집이 더 필요하다는 것이 저와 제 주변사람
들의 욕구인데, 그런 예산은 없고 예산이 낭비되는 것을 보게 되
는 거죠. 그래서 함께 볼 수밖에 없었던 것 같습니다. 제대로 할 의
원을 낸다든가, 예산 요구를 하든가 구 조례로 만드는 것 말이죠.
그런 것이 동시에 이뤄져야 하기 때문에 지역자치활동에 적극 참
여해왔습니다. 문제는 이렇게 제도를 개선하는 것이 더 많은 일상
의 삶에 관심을 갖는 사람들과 연결이 안 되는 경우입니다. 구체
적으로 말하자면 지역자치활동이 일상적인 생협 회원들과 연결이
안 되는 것이에요. 이런 것은 문제가 있지 않나 싶습니다. 서로 입
장을 녹여내고 공유할 수 있는 과제가 무엇일까에 대한 물음입니
다.

고상준 한 가지 짚고 넘어가야 하는 것이 '풀뿌리운동'에 대해 은

연중 '전일(全日)제 시민운동'으로 규정하고 있다는 점입니다. 현실상으로나 조건상으로 하루 종일이 아니라 반일(半日)만 참여가 능한 시민들도 있거든요. 만약 풀뿌리운동을 전일제로 보자면, 풀뿌리 안팎으로 문제가 있습니다. 안으로 문제는 전일제 시민들이 다 이 운동의 필요성을 느끼느냐는 것인데, 못 느끼고 있는 것이 사회자는 그동안 하찮게 여겼다는 것인데, 개인의 문제는 국가에 의해서 취급을 못 받았던 겁니다. 개인의 목소리가 미디어로 다 노출되어 있고 개인문제가 앞서는데, 개인문제를 해결하기 위해 반대로 공동체가 필요한 거죠. 그런데 전일제 시민들이 알고 있냐? 알려야 한다. 그렇다면 그러기 위해서도 풀뿌리가 필요하다는 겁니다. 밖으로 보자면 반일제, 더 나아가 반의 반만 참여 가능한 시민들은 얼마나 관심을 갖는가의 문제입니다. 또 미디어는 관심을 기울이고 있습니까. 더 어려운 것은 전일제 시민도 어려운데 반일제 시민은 말할 것도 없다는 것입니다. 반면 반일제, 미디어의 관심을 끌고 오기는 쉽습니다. 왜냐면 풀뿌리가 희망이기도 하지만 이제는 권력이기도 하거든요. 한 예를 들어 독일의 경우도 지역을 근간으로 하는 신문이 도시들마다 다 있습니다. 모든 도시에 다 있어요. 이건 어떤 권력이나 기업이 지원하는 것이 아니라 지역사람들이 사서 보기 때문입니다. 왜? 내 사진이 나오기 때문이에요. 껍데기 1면에는 중앙이야기가 있지만, 펼쳐보면 3단지 301호 엄마는 뭐했고, 하는 식으로 자신의 이야기가 나오는 겁니다. 이것이 실제로는 권력입니다. 그 권력에 의해서 신문이 유지되는 거죠. 남자들이 착각하는 게 집에서 실제 주권은 여자들이 갖습니다.

사회, 정보연 착각 아닌데(웃음)

정외영 우리 경우도 말하자면 지역신문이 있고, 가장 강력하게 발전하는 것이 지자체 신문입니다. 최근 2~3년 동안 경험에 따르면 예컨대 강북구 인구가 37만인데 부수가 엄청나게 증가하고 있고, 또 열심히 봅니다. 이 변화가 어떤 것일까요. 일반주민들이 이 신문 속에서 정보를 봅니다. 뜬 구름 잡는 이야기가 아니라, 어느 신문도 안내하지 않는데 구정신문이 내 주변에서 벌어지는 일들에 대한 정보를 줍니다. 실제 단체를 운영하다 보면 어떻게 알고 전화를 했는지 물어보면 지역신문에 나온 소개를 보고 전화했다고 합니다. 지방자치제가 풀뿌리운동을 둘러싼 물리적 환경을 바꾸고 있습니다. 풀뿌리활동이 고선생님이 전일제라고 표현하는 지역에서 일상적으로 고민하는 여성들이 현재까지는 다수인데, 풀뿌리 활동가들이 여성이었기 때문에 여성이 활동할 수 있는 여건에 지금으로는 초점이 맞춰져 있지만 최근 변화가 생기고 있습니다. 단적으로 최근에 명퇴하는 남성들이 많았죠. 여성들은 자기는 '이런 활동을 할 기회가 있었다'고 자기신뢰가 생기는데 비해 오히려 남편들은 급격하게 그런 자기확신을 잃어가고 있습니다. "정년퇴임하고 나면 저 사람은 아무 대책이 없다. 나는 너무 행복하게 이런 활동을 하는데, 하루 종일 방에 있을 것을 생각한다." 이런 문제가 지금 화두로 떠오르고 있죠.

고상준 남성뿐 아니라 활동하지 않는 여성도 같습니다. 저는 그래서 그런 경우 초보시민이라고 명명해야 한다고 생각합니다.

정외영 아무튼 중앙의 운동과 풀뿌리운동이라는 개념이 접점·결합되는 지점이 중요할 것이라고 생각합니다. 지자체 제도가 발전하고 주민자치센터가 변화하고 있는데 이것은 제도적 변화예요. 우리 운동의 성과가 알고 보면 많은 것입니다. 아직도 운동을 삶의 기회로 받아들일 사람이 많다는 것을 풀뿌리가 공유하려고 한다면 중앙의 역할은 여전히 중요합니다. 중앙에서도 '아 이런 것도 있다더라. 이런 기능과 풀뿌리가 어떻게 만날 것이냐'는 요구를 발견하고 연결해낼 수 있다면, 2년 뒤쯤이면 많이 달라질 것으로 생각합니다. 이미 그 문제를 자기관심사로 끌어안는 조직이 늘어나고 있어요. 풀뿌리운동의 네트워크 필요성에 대한 요구도 현실적으로 늘어나고 있고요.

또 하나 문턱이 높다는 지적에 대해 덧붙인다면 활동가들이 가장 고민하는 지점이기도 합니다. 즉 풀뿌리에서 성장하기 위한 리더십을 갖는 과정에서 대중과 결합에 대한 자신감이 잘 안 생기는 거죠. '잘 안 만나진다. 어렵다'는 거예요. 자기도 그렇게 성장했음에도 불구하고, 그런 표현을 합니다. 활동가들이 이것을 넓혀놓고 봐야 한다는 생각이 듭니다. 사실은 다른 각도에서 구정신문 같은 걸 들여다보면 엄청나게 움직이고 있어요. 관변단체들이 실제 시민운동의 모습을 많이 갖고 있습니다. 예를 들어 어떤 노인단체에 가봤었는데 정보력도 기본적으로 있고, 일하는 방식도 알고 있습니다. 제안서 작성도 이미 그분들이 속한 노인관련학과나 전문단체에 이야기를 하니 와서 해줬다는 거예요. 네트워크를 하고 해결방안을 스스로 찾은 겁니다. 구청과 관계를 맺는 것도 능숙히 해냅니다. 문제는 어떤 방향성을 갖고, 기존에 고민하는 단체들이 리더십을 가질 것인가죠. 저희도 고립되어 있다가 들어간 지 2년 정도 되었는데 엄청난 테이블이 있는 거예요. 2년 정도 되니까 이제 관계가 시작되고 있습니다. 풀뿌리가 편차가 너무 다양해서, 내용도 엄청나게 변화될 거예요. 또 하나의 세력이 성장하는 것입니다. 정치적 진출도 빠르게 결정하고 움직이는 것이 중요합니다.

사회 리더십의 문제와 제도·자치의 문제가 일선에서 고민하는 이슈인 것 같습니다. 조금 더 이야기해볼까요. 지역의 생활정치를 어떻게 만들 것인가. 그것의 중요성을 언급하셨는데요, 리더십 문제를 할 때 예컨대 기존에 흔히 관변단체라고 말하는 새마을운동 중앙회 같은 데서 하는 봉사활동 같은 것, 실제 배울 것도 많이 있겠지만 지역에선 나름의 고민거리도 될 듯 싶은데요.

고상준 풀뿌리는 정권적 리더십과 다르게 조정자나 중재자적 리더십이라고 봅니다. 편차를 빼면 다양성인데, 풀뿌리는 다양할 수밖에 없습니다. 지역성이라는 것이 결국은 풀뿌리의 특성이기 때문에 너무 다릅니다. 제가 제주도에 교육을 간 적이 있는데, 제주도에는 한라봉이라는 귤이 나옵니다. 실제 사람들이 모이는 걸 보면 그걸 키우는 생산 노하우를 공유하는 모임에 사람들이 가장 많이 모여요. 예컨대 이런 모임이 발전하는 경우, 정외영 선생님과 같으면서도 다른 부분은 중앙에서 해줄 것이 없는 거예요. 그러기 때문에 지역에서 중앙을 찾자는 것입니다. 굳이 구역을 따지자면 시 단위나 구 단위가 되는데, 한 예를 들어 부천시라면 전일제 시민이 30%고, 70%는 반일제 시민입니다. 부천시가 채택한 게 박물관이나 김덕수 사물놀이패. 영화제나 만화 관련 산업·단체 등을 통해 어떤 식으로든 부천시에 실제로 사는 인구를 늘이려는 것입니다. 이러면 행정단위도 삽니다. 풀뿌리운동은 행정하고 있는 그들에게도 희망입니다. 그들은 우리 없이는 못사는 거예요. 지방자치나 분권제 사회를 꿈꾸려면 풀뿌리운동을 끌어안지 않고 어느 행정단위도 살아낼 수 없습니다. 시스템을 바꾸자는 말은 부천시처럼 사람을 많게 하자, 그게 우리는 관변이라고 했는데, 이미 주민자치센터 직능단체 등을 운동에 끌어들였습니다. 그리고 함께 가고 있는 겁니다.

사회 그 리더십에는 구별이 필요 없다는 것이죠?

정보연 제 생각에는 지역공동체도 재래시장 중심의 과거식 공동체가 깨지고 있습니다. 서울은 거의 깨졌다고 봐야지요. 소위 지역 어르신, 유지라고 할 수 있는 그런 리더십은 더 이상 존재하지 않고 있습니다. 그래서 내용적 리더십을 살펴봐야지요. 그러기 때문에라도 시민단체의 풀뿌리운동이 자연스럽게 촉매역할을 하면서 리더십을 형성할 수밖에 없습니다. 그렇다고 군이 인위적인 방법으로 할 필요는 없겠죠.

바람직한 공동체를 위한 다양한 '실험'

사회 풀뿌리정치에 대해서도 한 말씀해주시죠. 동북여성민우회의 경우 벌써 세 번이나 후보를 낸 경험이 있는데.

김연순 저희가 출마를 하는 것도 개인을 의원으로 낸다는 것이 아니라, 제도의 문제가 몇몇 사람만 관심만으로 해결되는 것이 아니라고 봐서입니다. 실제 감시활동을 벌이다 보니 제도가 엉망이었습니다. 지방자치단체는 무사안일주의에 빠져 있고, 제도가 실제론 일부 돈 있는 사람의 잔치였죠. 낭비성 해외연수라던가 주민계도지 문제 등 엉망으로 운영되는 것을 쭉 들여다보면서 '적어도 이건 아니다, 우리라도 나가 봐야 하지 않나'하는 문제의식이 생긴 거죠. 그래서 95년, 98년 그리고 2002년 세 번에 걸쳐 출마를 시켰습니다. 성과는 많았어요. 잘 드러나지 않았지만 말이죠. 제 생각에는 앞으로 제도를 바꾸려는 노력은 더 확대될 것으로 봅니다. 문제는 많은 사람들이 정치를 아직까지 자기의 일로 생각하지 않고 있기 때문에 '네가 나가면 도와주지만 나의 일은 아니다, 정치시민운동을 하는 것은 훌륭한 일이지만 정치참여는 어렵다'는 식으로 생각하는 사람이 많다는 거죠. 특히, 여성은 정치인으로서 해야 할 일과 여성으로서 해야 할 일이 또 있기 때문에 특히 어려운 것 같아요. 단체가 아니라 지역에서 필요해서 의원을 낸다면 사회를 보는 가치관이 비슷한 사람이 모여서 공동으로 논의해서 출마하고 지원하고……그런 것이 더 많아질 것으로 봅니다.

정외영 화답하는 이야기를 하자면 민우회가 만나는 여성들과 녹색을 통해 만나는 여성의 경험이 다를 수 있습니다. '여성모임에서 정치이야기를 하면 사람들이 다음엔 안 나오게 된다'는 식으로 정치에 대해 터부시하는 경우가 많았습니다. 녹색의 경우 굉장히 일상적 실천을 통해 모였고, 결정적으로 한 고비를 넘긴 것이 학습이었어요. '우리가 NGO·시민단체라고 하는데 공부를 해 보자'해서 NGO 관련 서적을 찾아 공부를 했어요. 돌아가면서 토론을 하면서 시민사회라고 하는 것이 어느 날 뚝 떨어진 게 아니라 어떤 역사성이 있는지 다양한 활동을 공부한 거죠. 첫째 인식의 측면에서 학습이 도움을 줬고, 둘째로는 실천적 활동이었습니다. 단체 대표성을 갖고 지역 일에 참여하니까, 주민자치위원으로 참여한 사람이 가만히 보니 토목건설 사장이나 유지, 직능단체장들이 나오는데 구청관련 일이 거기서 다 결정이 되는 것을 경험한 거죠. 처음에는 주눅이 들고 부담되었는데 이야기를 해보니까 하나의 주제를 갖고 토론하는 게 모임에 있을 때는 몰랐는데 나가서 확인해 보니 누구보다도 잘 할 수 있다는 것을 발견했죠.(웃음) 민주적 의사소통훈련이 된 거죠. 그러다 보니 합리적으로 한 두 가지씩 문제제기를 하게 되고 그 내부에서도 리더십을 발휘하게 되는 거죠. 결국 그 분의 경우 부위원장까지 맡게 됐습니다. 그 케이스가 '그렇다면 우리도 할 수 있다'는 자신감을 줬어요. '적어도 구의원 정도는 정치라기 보다 우리 생활에 필요한 거야' 여기까지 공감대가 만들어진 거죠. 자연스럽게 몇 년 뒤 녹색의 미래를 구의원 진출로 잡고 '그렇다면 누가 나갈 수 있을까'가 논의가 됐는데, 자연스럽게 몇몇 분이 거론되더군요. 물론 그 분들에 대한 검증과정이 있어야겠지만, 본인은 결단의 과정이 필요하겠죠. 여성이 그런 문제에 결정을 하기 위해서는 몇 고비를 넘어야 합니다. 결정이 거기까지 가는 데 한참 시간이 걸렸습니다. 그런데 최근 경험이 여성부가 뜨고 여성의원 활약상이 보도되면서 주변환경이 이제 만들어지고 있다는 느낌입니다.

　고상준 전일제 시민은 자기결단과 가족결단만 있으면 되지만 반일제 시민은 세 군데 결단이 필요합니다. 즉 직장이 결단해줘야 하고, 운동의 구체화 단계에서는 반일제 시민도 끌어들여야 합니다. 전일제 시민만 구의원을 하는 게 아니라, 반일제 시민도 그 동기를 만들어줘야 한다고 봅니다. 운동이 성공하기 위해 채택하는 방법은 개인주의여야 한다고 봅니다. 처음에는 자기를 위해 싸우다가, 개인주의가 커지면 공동체가 됩니다. 전국으로 다니면서 풀뿌리와 만나는데, 개인성의 극대화가 중요하다는 것을 느낍니다. 개인은 공동체고 공동체는 개인이라는 게 제 소신이죠.

김연순 그것은 너무나 당연하지 않나요? 개인이 잘 살려면, 사회가 바뀌어야지 잘 사는 것이니까요. 그런데 커다란 문제가 두 가지 있습니다. 자꾸 여성에만 초점이 가는데, '너네 문제 아니냐' 식의 생각이 걸림돌입니다. 여자든 남자든 아이를 어떻게 키울 것인가, 사교육비 문제도 있지만 어떤 방식으로 키울 것인가라는 문제와 또 어떻게 먹고 살 것인가라는 문제가 그것이죠. 이것은 서로 맞물려 있는 것인데, 돈을 많이 버는 이유가 또 아이들을 위한 것이거든요. 우리 사회가 어떻게 바뀌어야 할 것인가, 사회의 가치가 어떻게 흘러갈 것인가, 이런 고민을 하면서 그 방법의 하나로서는 각자가 스스로 자급자족에 생각을 둬야 합니다. 생협을 통해서 먹고는 있겠지만, 먹는 거, 입는 것, 사는 것과 관련해 돈을 주고받는 것을 거부한다면 스스로 일부분을 해결하고 모자라는 부분을 조달할 수 있는 시스템이 바람직해요.

사회 풀뿌리운동이 '우리 동네 아이를 서울대 보내자'는 식이 아니라 바람직한 방향을 공동체 차원에서 모색하는 움직임일 겁니다. 이것 역시 공동체가 가져야 할 비전과 관련되는 것일 텐데요.

김연순 생각난 김에 더 말한다면 예를 들어 사람들이 도시로, 서울로 모여 들고 왜 농촌은 자꾸 떠나는지, 농민들은 왜 돈을 벌어야 하는지 의문을 갖습니다. 사실은 자기 땅에서 먹고 살면 되는 것인데, 죽도록 농약치고 고생하는 모습을 본 자식들은 농사를 짓고 싶을까요. 자기 생업을 하면서도 즐겁게 살 수 있는, 하루 8시간 중 5시간 농사를 짓고, 나머지는 자기가 원하는 강좌를 듣고 그런 모습을 본 사람은 다들 거라고 봐요. 결국 전체적으로 돈 때문에 아이들의 교육이나 주택문제 이런 것이 생기는 것인데, 전체적으로 바꾸는 것을 생각해야 하지 않을까요.

정보연 지방자치 뿐 아니라 풀뿌리 철학을 가진 정당도 필요합니다. 저는 그게 초록이나 녹색이념에 가까울 것이라고 생각합니다. 다만 자급자족 마을 공동체 단위 제안은 너무 나간 것은 아닐까요. 경쟁을 줄이고 삶을 다양하고 풍부하게 즐기자, 모든 사람이 자급자족 결단이 필요하다는 건 쉽지 않은 일일 텐데……

김연순 저는 그게 정말 너무 어려운 일인지 도봉구에 살면서 농사를 지어보려고 합니다. 교외에 곳곳에 주말농장이 많잖아요. 그렇게 따로 따로 하지 말고, 동네에 모여서……

고상준 중간에 우리를 방법전문가라고 한 이유가 그런 다양한 아이디어를 운동을 해 본 사람들이 갖고 있기 때문입니다. 사실 조금 허황되기도 하죠(웃음). 그럼에도 우리는 그런 꿈들을 꿉니다. 예컨대 그것이 가능하려면 지역정당 같은 것이 쉽게 만들어질 수 있도록 법이 바뀌어야 하겠죠. 예컨대 일상이나 삶의 관점에서 민주주의가 재정립될 필요가 있는 것 같습니다.

정보연 동의합니다. 예컨대 도봉구에서라도 성매매방지법을 만들어 통과시킬 수 있어야 하거든요. 지금은 안 됩니다. 구청 예산이 천억이라면 이것을 어디에 쓸지 정당이 소신을 갖고 지역에서 펼칠 것이 없거든요. 지역정당을 만들어도 중앙정당을 끌어오는 형식이 될 것으로 봅니다.

사회 자치분권이 안된다는 말인가요.

정보연 지금은 그런 토대가 안 되어 있는 거죠.

고상준 그 답이 풀뿌리인 것입니다.

김연순 현실적인 문제로 지자체 활동비가 보장되어야 합니다. 생업을 포기하면서 나가는 것은 어려운 게 사실이에요.

정보연 출마가 어려운 거죠. 정치 자체가 부담도 주는데, 이렇게 탁월한 활동가들이 있는 단체들도 어렵게 이야기를 꺼내고 있습니다. 가면 좋은 것을 보여줘야 한다는 부담감도 있고요. 좋은 사람이 된다면 지역이 확 바뀐다는 것을 보여줘야 합니다. 제가 보기엔 연장선에서 지역정치인들에게 지역을 바꿀 수 있는 권한을 더 줘야 합니다.

고상준 권한의 위임이 풀뿌리의 또 하나의 특성 중 하나입니다. 기업체를 보면 삼각형의 맨 위에 CEO가 있고 평직원이 있던 것이 요즘은 고객이 제일 첫 번째로 개념이 뒤집히고 있잖아요? 이 개념에 천착하는 것이 풀뿌리입니다. 권한의 위임 즉, 넘어가는 것인데 행정단위에 권한이 있던 것이 시민에게 넘어가는 거죠. 시민성에 기초해 권한이 돌아가는 것을 인정해야 하는데 그것이 안 되는 것은 우리들의 문제입니다. 공동개념의 설정과 여론 형성이 필요한데 아직까지 안 되고 있습니다.

김연순 그래서 교육이 갈수록 많이 필요해요. 고선생님이 말한 교육의 방식 · 내용이 바뀌어야 한다는 데 동의합니다. 교육이 누가 일방적으로 가르치는 것이 아니라, 모인 사람들이 무엇을 원하는지 이해할 수 있는 자리를 만들고 그 자리에서 서로 배우는 것이 필요합니다. 교육이 훨씬 더 다양하게 이뤄지려면 교육방식을 깨우칠 기회가 더 많이 만들어져야 합니다.

자치단체와 시민단체 재정에 대해서도 덧붙인다면 현실적으로 우리 단체의 경우 지역에서 많은 일을 해서 자치단체에 인정도 받는 반면, 껄끄러운 존재이기도 합니다. 관변 직능단체가 하는 부분에 대해 높이 평가하는 부분도 있어요. 몇 년 전에 서울 방학천에 물난리가 났는데, 제가 한 일은 걱정한 일밖에 없었는데 직능단체가 발 빠르게 나서 밥 해 나르는 것을 본 기억이 있어요. 정말 중요한 일들을 하는구나 생각을 했죠. 그런데 그 분들의 한계가 예컨대 여성주간 행사라면 여성의 시각으로 하는 것이 아니라, 자치단체장 취임 1주년에 맞춰 꽃다발 증정하는 식으로 일을 한다는 거죠. 우리가 다른 방식으로 하다 보니 자치단체들에게 자꾸 불만을 말하고 시정을 요구하면서 한편으로 사업을 하는데, 예를 들어 교육비용을 참가자 전액 부담으로 하는 건 쉽지 않죠. 그래서 자치단체에 보조를 요구하면 맨날 밉상스런 소리만 하니 돈을 주기 어려운 것도 사실입니다. 중앙 시민운동지원기금이 있는 것처럼, 지역에도 단체에 구애되지 않고 예를 들어 도봉시민운동지원기금 이런 식으로 기구가 만들어져야 하지 않나 생각합니다.

정외영 지향점에 대한 논의를 하고 있는데 풀뿌리 지향은 굉장히 다를 수 있습니다. 가장 기본적으로는 사람들이 개인적으로 살아가는 것 같지만 관계성을 발견하는 순간 모임들이 공동체성을 획득하게 되는 것이죠. 서로 개별화되고 고립된 삶을 사는 것 같지만 서로 관계성 속에서 영향을 미치고 있죠. 관변단체의 경우 이전에는 '동원' 밖에 안 됐는데, 기획을 시작하는 식으로 변하고 있어요. 인터넷에 정보가 돌아가고 조금만 움직이면 되거든요. 사실 놀랐어요. 또 새롭게 지역에서 3~40대 젊은 여성 중에도 관심을 갖고 움직이는 그룹이 생기고 있어요. 남성도 그래요. 풀빛살림터를 중심으로 5~60대가 모이는 거에요. 시민의신문 기획시리즈에 실린 글들을 보고 너무 기뻤습니다. 지역화폐에 대한 기사가 특히 재미있었는데, 풀뿌리운동은 다양성 속에서 힘을 발휘하죠. 왜 내가 희망을 갖는가 돌이켜 생각해보면 지역에서 만나는 사람들이 동아리를 형성하고 논의하는 것이 아주 다양하고 창의적입니다. 실례로 '좋은 부모 되기'라는 모임이 있는데, 삼 사십 년, 오십 년씩 살아온 경험을 바탕으로 다양한 아이디어를 쏟아내고 있어요. 한살림 같은 데서는 '농촌체험이 아니라 관계가 생겨야 한다. 노인들만 있는 곳에 찾아가 할아버지 할머니들과 연계를 맺어서 가족적 정을 왜 못 나누냐'는 문제제기가 있으니 바로 프로그램화하자는 이야기가 되었어요. 공간 마련하는 문제라든가 프로그램을 만드는 문제가 모두 다 그런 식으로 됐습니다. 물론 그럴 기회를 만드는 것이 일차적이겠지요. 기회 속에서 시민·지역주민이 참여하면서 매우 다양한 활동 내용을 만들어냈습니다. 저는 조금 풀뿌리 형태나 목적을 갖는 다양한 운동의 실험이 아직 더 시도돼야 한다고 봅니다. 교육도 방법을 변경하는 것이 주도적 학습입니다. 서로가 서로를 배우고 가르치는 것이 가장 효과적이죠. 우리가 생각하는 교육도 다양화되어야 합니다. 학습에 참여하는 참여자가 주도적으로 참여할 기회를 줘야 합니다.

고상준 그런 풀뿌리의 다양성을 지원하는 제도가 있어야 합니다. 전문성이 높은 사람은 감수성이 동시에 발달되어 있는 것이 특징이지요. 정외영 선생님은 풀뿌리적 감수성이 강하신 것 같아요(웃음). 그런데 그렇지 않은 사람들이 많습니다. 이런 사람들을 위해서 제도가 만들어져야 합니다. 물론 이것은 지역차원에서 되어야 하겠죠. 풀뿌리의 특성은 우리만 인정받는 것이 아니라, 행정기관, 기관, 교육기관, 아파트공동체 같은 삶의 공동체를 풀뿌리로 이름을 붙여야 합니다. 그렇다면 모두가 공동으로 책임져야 하는 것이 풀뿌리고, 단위가 어떻든 행정기관도, 기업, 학교도 공간을 내줘야 하고 서로서로가 공간을 무상으로 활용할 수 있는 제도적 장치가 되어야 합니다. 우선 그렇게 하는데 서로 이득 보는 게 없을까요? 있습니다. 기업체는 기업체 홍보가 되고, 행정기관 역시 모두가 자신을 위해 수용하는데 공간 내주는 것은 해줘야 합니다. 문제는 교육을 받고 싶은데 장소가 없다는 겁니다. 풀뿌리가 지역에 기반하는 모임이라면, 풀뿌리끼리 나눠 가져야 합니다. 그것을 제도적으로 만들어야 하죠.

재정빈곤 해결방안과 차세대 활동가 양산이 숙제

사회 풀뿌리에 대해 전망까지 여러 이야기를 했습니다. 보완할 게 있으면 덧붙이면서 마무리를 하도록 하죠.

김연순 흔히 앞으로는 시민운동이 참여연대식 운동을 지양해야 한다면서 인터넷의 가능성을 이야기하죠. 확실히 최근 몇몇 시민사회의 이슈들을 살펴 보면 개인이 인터넷을 통해 변화를 일으킨 경우가 많습니다. 그런데 실상, 지역은 또 그렇지 않은 면이 있습니다. 지역에선 '우리는 왜 인터넷 활용이 안 될까' 하는 자괴감을 느끼는데, 그게 현실입니다. 오프라인에서 만나지 못 하는 사람들

은 되는데, 매번 얼굴을 맞대고 생활하는 지역은 또 안 그렇거든
요. 사람이 필요해야 뭐가 되어야 하는데, 필요 없고 오히려 부담
되는 거죠. 머릿속으로 알지만 실천이 안 되는 면도 있습니다. 그
렇다면 앞으로는 어떻게 될까. 일단 의식주를 모두 동네에서 해결
할 수는 없겠지만 그런 방식으로 노력해 보는 것이 필요하다고 생
각합니다. 먹거리 문제도 먼 곳에서 갖다 먹는 게 아니라 자기 지
역 내에서 소화하는 것이 정신적으로나 육체적으로 건강한 일이
라고 봅니다. 행정제도의 문제도 자체적으로 해결하도록 노력하
고 안 되는 것은 네트워크를 통해 서로 해결을 해야 합니다. 자급
자족뿐 아니라 모든 것이 거기서 이뤄지고 안 되는 것을 네트워크
하는 방식으로 하는 것이 좋을 것 같습니다.

또 하나, 시민이라고 이야기를 할 때 보통 사람들은 남성을 떠올
립니다. 보통 남성이고, 3~40대 화이트칼라를 떠올리는 거죠. 그
럴 때 거기서 말하는 시민사회의 가치가 여성의 눈으로 봤을 때는
또 어떨까요. 시민이라고 하면 우리가 아니라는 생각이 드는 것입
니다. 실제 이런 사례도 있어요. 시민단체 워크숍을 가졌는데 30
명 중 예닐곱 명이 여성이었습니다. 사회자가 '남은 5분은 여성에
게 발언권을 주자'고 말하더군요. 아마 반수가 여성이었으면 그러
지 않았을 것입니다. 그런 것을 시민운동 내에서도 고민을 해 봐
야 합니다.

정보연 주부들은 사회적인 약자 중 하나죠. 도봉시민회와 관련
된 이야기를 하자면 도봉시민회는 올해 2단계 운동으로 발전을
목표로 했습니다. 한 가지 방향은 자기 집 근처에서 운동을 하는
것이었어요. 회원들이 막상 집 근처에서는 아웃사이더인 경우가

많았습니다. 왜 그럴까. 동네에서 어떤 일을 주도적으로 하려면 집도 깨끗하고 아이도 잘 챙겨야 하는데, 그러지 못하는 경우가 많기 때문이죠. 그래서 설정한 게 동네에서 공부모임을 꾸리자는 것인데 물론 잘 하지는 못하고 있는 것 같아요.(웃음) 두 번째로 단체가 4~5년 되면서 안정되니까 주력사업이 네 다섯 개가 형성되는데 관료화되는 징후가 보이는 것입니다. 그래서 올해 처음으로 회원 120명을 대상으로 공모했습니다. 공모한 5개 사업 중 하나를 선택해서 상금도 주고, 제안한 사람이 스스로 추진하도록 돕는 것이었어요. 이 경우 시민회와 별개로 가려고 합니다. 지금 꾸려진 모임은 어린이 전용도서관 설립 준비모임인데요 20명이 팀을 만들었고, 1년 후 독립시키는 것을 목표로 하고 있습니다. 시민회는 자기 사업을 갖고 있으되, 매년 한두 가지 사업을 스스로 공모하고 자기가 추진한다는 전제조건으로 독립시키는 도봉시민회 식 방법을 만들려고 해요. 결국 주민들의 자발성이 우리를 거치지 않더라도 스스로 성장하는 조건을 만드는 거죠.

반면 우리의 한계는 사람들의 요구가 다양하게 있기 때문에 모든 요구를 지역으로 환원시키는 것은 어렵다는 겁니다. 아까도 성매매방지법에 대해 언급했는데, 지역에서 할 역할은 다를 것이라고 봅니다. 또 이미 우리 단체의 경우도 탈정치화되는 흐름이 읽힙니다. 예를 들어 국가보안법 폐지 서명 요구를 하는 게 어려운 게 사실이에요. 한 5년 전 운동권 모임을 할 때는 확실했는데, 지역 사회를 넘어서는 정치에 대한 고민이 없으면 그냥 지역에 있는 소박한 모임으로 나갈 수도 있습니다. 아직은 대부분 지역단체 활동가들이 운동권 출신이기 때문에 심각한 고민은 아니지만 10년, 20년 지나면 풀뿌리 운동이 사회 전체적 시각을 갖는 것이 문제가 될 수 있을 것 같다는 생각이 듭니다.

김연순 이야기를 덧붙이면 일본·대만의 단체와 함께 아시아 자매회를 맺어 국제교류를 하는데 거기서 문제되는 것이 그 문제거든요. 대만과 일본 생협 사람들이 민우회는 '반정부 활동에 대해 어떻게 생각하느냐'고 물어요. 그 쪽의 경우 탈정치화되어 있는 흐름이 강한데 한국은 어떤지에 대한 질문이죠. 예컨대 우리의 경우도 파병문제나 탄핵에 대한 입장을 채택했는데 일부 문제제기가 있었어요. 인터넷을 통해서 나온 거지만 그런 입장이 분명이 있는 거죠. 고민해야 할 것은 그 모든 사람의 의견을 수렴할 수 없을 때, 대의원 구조나 전체 합의구조를 마련해 해결했었거든요. 일본 생협처럼 30년 이상 역사를 가지면서 일상의 삶이 전체나 제도와 무관하게 흘러간다면, 즉 연결고리를 찾지 못하고 놔두면 그렇게 갈 수 있거든요. 어떻게 하면 부엌에서 세상을 바라볼 수 있게 할 것인가가 고민 중인데요, 저희는 매주 주민들이 생협에 대한 정보를 얻는 생활지에 조합원 나눔마당이라는 코너를 만들어 그런 의미를 공유하려는 시도를 하고 있어요.

정외영 현실적인 고민에 대해서도 언급할 필요가 있을 것 같아요. 열악한 재정 문제가 단적인데, 회원들의 회비수준 자체가 취약한 구조로 되어 있다는 것은 지적할 필요가 있을 것 같습니다. 예컨대 월 5천 원 회비 구조로는 일상적 운영 정도는 할 수 있지만 상근활동가들 실무 활동비가 나오지 않거든요. 프로젝트를 몇 개 하면서 활동비를 마련하는 방식이 일반적인데, 보통 활동가들이 지역에서 3~4년 일하면 준 전문 활동가인데, 이 친구의 활동비가 보장 안 되는 거죠. 즉 현재는 활동가의 지속성이 담보되기 어려운 구조라는 것, 아마도 풀뿌리운동이 활동의 지속성과 전문성을 갖춘 차세대 활동가들을 어떻게 지속적으로 배출할 것인가가 중요한 과제일 것으로 생각합니다. 재정적으로 해결할 수 있는 방법이 있어야 하죠. 그러다 보니 재정수입이 될 만한 활동을 생각하지 않을 수 없습니다. 저희가 녹색가게를 하다가 풀빛살림터란 형식으로 전환했는데, 해결가능성을 열어주고 있습니다. 바로 생산자협동조합이라는 거죠. 동아리들이 모여서 실습하는 식으로 일하다가, 대안생리대를 만들고 목공예품을 만들면서 수입이 창출되면서 다시 힘을 받고 공부하는 그룹을 만들어 내고 있는데 여기에서 한두 명 정도의 활동비는 나올 수 있지 않을까 생각합니다. 전체적으로 지속적인 활동 내지는 의식적으로 결합되어 있는 운동주체들이 일정하게 활동할 수 있는 여건을 만드는 것이 중요한 과제로 놓여 있다고 할 수 있습니다.

사회 좋은 이야기 감사 드립니다. 시민의신문도 언론으로서 풀뿌리 언론운동을 열심히 할 것을 다짐해봅니다. 토론을 마치겠습니다.

정리=정용인 기자 inqbus@ngotimes.net
사진=이정민 기자 jmlee@ngotimes.net